세계의 랜드마크와 도시

세계의 랜드마크와 도시

랜드마크로 보는 세계 도시의 역사·문화·예술 이야기

박동석 글 박진주 그림

여는 글

신비롭고 놀라운 랜드마크 도시 여행, 떠나 볼래?

여러분은 뉴욕, 파리, 두바이, 이스탄불 등 도시에 대해 얼마나 알고 있나요? 도시 이름을 알고는 있지만 도시의 역사, 문화, 예술에 대해서는 아마도 깊이 알지는 못할 거예요. 도시에는 오랜 역사와 문화가 숨어 있어요. 아테네 같은 도시는 3천 년 이상, 카이로 같은 경우는 6천 년 이상의 역사가 깃들어 있답니다. 세계 도시는 고대부터 도시인들이 만든 문화와 역사 이야기를 무궁무진하게 품고 있어요. 지금부터 도시에 숨어 있는 재미있는 역사와 문화 이야기를 랜드마크를 통해 살펴볼 거예요.

세계 각 나라와 도시에는 그 나라와 도시를 대표하는 상징물이 있어요. 우리는 그런 상징물을 '랜드마크'라고 부른답니다. 여러분들이 잘 아는 프랑스 파리의 '에펠 탑', 미국 뉴욕의 '자유의 여신상', 영국 런던의 '빅 벤'은 모두 그 나라 또는 도시를 대표하는 랜드마크예요.

지금은 랜드마크가 '각 나라나 도시 또는 특정 지역을 대표하는 시설물이나 건축물'을 뜻하지만 예전에는 그런 의미가 아니었어요. 영어 Landmark의 뜻은 '경계표'예요. 탐험가나 여행자가 특정 지역을 돌아다니다가 원래 있던 장소로 다시 올 수 있도록 만든 표식이에요. 오늘날에는 그 의미가 더 넓어져서 건축물이나 문화재, 상징물, 조형물이 어떤 지역을 대표할 때 랜드마크라고 불러요.

파리의 에펠 탑이나 뉴욕의 자유의 여신상은 어떻게 랜드마크가 되었을까요? 국가 기관이나 랜드마크를 관리하는 국제기구가 정하는 걸까요? 그렇지는 않아요. 랜드마크를 공식적으로 지정하는 기관이나 기구는 없어요. 랜드마크는 그냥 자연스럽게 정해지는 거예요. 그러니까 랜드마크는 그 자체로 어떤 특별함이 있어서 자연스럽게 많은 사람들의 관심과 사랑을 받은 상징물이라고 말할 수 있어요.

세계 각 나라와 도시들은 랜드마크를 중요하게 생각해요. 왜냐하면 랜드마크는 각 나라와 도시에 매우 긍정적인 영향을 미치고 있기 때문이에요. 먼저 랜드마크는 나라와 도시를 알리는 데 매우 효과적이에요. 또한 관광 산업이나 지역 경제를 살리는 데도 큰 도움이 되고요.

각 나라, 각 도시에 랜드마크가 있다는 것은 매우 큰 행운이에요. 그래서 많은 나라, 도시에서는 랜드마크를 만들려고 노력하기도 해요. 그렇다고 랜드마크가 쉽게 정해지는 건 아니에요. 앞에서 이야기했듯이 랜드마크는 어떤 기관이나 기구에서 정하는 것이 아니라 자연스럽게 정해지는 것이기 때문이지요.

랜드마크가 없는 도시들도 많지만 어떤 도시에는 랜드마크가 두 개, 또는 세 개가 있어요. 프랑스 파리를 대표하는 랜드마크를 꼽으라고 하면 대부분 에펠 탑을 떠올릴 거예요. 하지만 루브르 박물관, 개선문도 꼽을 수 있지요. 그런 의미에서 파리는 모두가 부러워하는 도시랍니다.

세계에는 많은 랜드마크가 있어요. 여러분이 알고 있는 랜드마크도 있지만 잘 모르는 랜드마크도 많을 거예요. 세계적인 랜드마크는 어떻게 각 나라, 도시를 대표하는 랜드마크가 되었을까요? 지금부터 신비롭고 놀라운 랜드마크 도시 여행을 떠나 볼까요?

박동석

차례

여는 글 – 신비롭고 놀라운 랜드마크 도시 여행, 떠나 볼래?　　　　04

1부_ 세계의 탑

프랑스 파리, 에펠 탑　　　　018
TIP! 파리의 또 다른 랜드마크, 루브르 박물관　　　　022

영국 런던, 빅 벤　　　　024
TIP! 런던의 또 다른 랜드마크, 타워 브리지　　　　029

포르투갈 리스본, 벨렘 탑　　　　030
TIP! 리스본의 또 다른 랜드마크, 제로니무스 수도원　　　　034

말레이시아 쿠알라룸푸르, 페트로나스 트윈 타워　　　　036
TIP! 초고층 건물이 많은 도시, 쿠알라룸푸르　　　　040

인도네시아 자카르타, 모나스 타워　　　　　　　**042**
TIP! 호모 에렉투스 화석, 자바 원인　　　　　　　**045**

일본 도쿄, 도쿄 타워　　　　　　　**046**
TIP! 세계에서 가장 높은 전파탑, 도쿄 스카이트리　　　　　　　**051**

캐나다 토론토, CN 타워　　　　　　　**052**
TIP! 토론토의 또 다른 랜드마크, 로저스 센터　　　　　　　**057**

멕시코 멕시코시티, 독립 기념탑　　　　　　　**058**
TIP! 멕시코시티의 또 다른 랜드마크, 혁명 기념탑　　　　　　　**063**

아르헨티나 부에노스아이레스, 오벨리스크　　　　　　　**064**
TIP! 탱고의 발상지, 부에노스아이레스　　　　　　　**067**

2부 _ 세계의 궁전, 성

러시아 상트페테르부르크, 예르미타시 미술관 **070**
TIP! 상트페테르부르크와 레닌그라드 **075**

체코 프라하, 프라하성 **076**
TIP! 프라하의 또 다른 랜드마크, 카를교 **081**

헝가리 부다페스트, 부다 왕궁 **082**
TIP! 부다페스트의 또 다른 랜드마크, 세체니 다리 **086**

폴란드 바르샤바, 문화과학궁전 **088**
TIP! 새로 탄생한 도시, 바르샤바 역사 지구 **092**

중국 베이징, 자금성 **094**
TIP! 베이징의 또 다른 랜드마크, 만리장성 **100**

대한민국 서울, 경복궁 **102**
TIP! 서울의 또 다른 랜드마크, 남산 서울 타워 **108**

3부 _ 세계의 성당

튀르키예 이스탄불, 성 소피아 성당	**112**
TIP! 이스탄불의 또 다른 랜드마크, 블루 모스크	**118**
스페인 바르셀로나, 성 가정 대성당	**120**
TIP! 바르셀로나의 또 다른 명소, 피카소 미술관	**125**
오스트리아 빈, 성 슈테판 대성당	**126**
TIP! 음악가들이 잠든 곳, 중앙 묘지	**130**
크로아티아 자그레브, 자그레브 대성당	**132**
TIP! 자그레브의 또 다른 랜드마크, 성 마르코 성당	**136**
핀란드 헬싱키, 헬싱키 대성당	**138**
TIP! 헬싱키의 또 다른 랜드마크, 우스펜스키 성당	**141**

4부 - 세계의 빌딩, 호텔

노르웨이 오슬로, 오슬로 시청사	**144**
TIP! 오슬로의 또 다른 명소, 비겔란 조각 공원	**148**
스웨덴 스톡홀름, 스톡홀름 시청사	**150**
TIP! 알고 보면 더 재미있는 이야기, 스톡홀름 증후군	**154**
싱가포르, 마리나 베이 샌즈 호텔	**156**
TIP! 싱가포르의 상징물, 머라이언상	**161**
아랍에미리트 두바이, 부르즈 할리파	**162**
TIP! 두바이의 또 다른 랜드마크, 부르즈 알 아랍 호텔	**166**
타이완 타이베이, 타이베이 101 빌딩	**168**
TIP! 타이완의 명소, 국립 고궁 박물원	**172**

5부 _ 세계의 동상

덴마크 코펜하겐, 인어 공주 동상 — **176**
TIP! 동화의 아버지, 안데르센 — **180**

벨기에 브뤼셀, 오줌싸개 소년 동상 — **182**
TIP! 브뤼셀의 또 다른 랜드마크, 그랑플라스 — **186**

미국 뉴욕, 자유의 여신상 — **188**
TIP! 뉴욕의 또 다른 랜드마크, 엠파이어 스테이트 빌딩 — **194**

브라질 리우데자네이루, 예수상 — **196**
TIP! 지구촌 최고의 축제, 리우 카니발 — **200**

6부 _ 세계의 신전, 사원

그리스 아테네, 파르테논 신전 　　　　　　　　　　　　**204**
TIP! 유네스코 세계문화유산 제1호는 파르테논 신전일까? 　**208**

사우디아라비아 메카, 카바 신전 　　　　　　　　　　　**210**
TIP! 이슬람 성지 순례, 하즈 　　　　　　　　　　　　　**213**

캄보디아 시엠레아프, 앙코르 와트 　　　　　　　　　　**214**
TIP! 시엠레아프의 또 다른 유적, 앙코르 톰 　　　　　　 **218**

7부 _ 세계의 고대 유적

요르단, 페트라 유적	**222**
TIP! 알고 보면 더 재미있는 이야기, 세계 7대 불가사의	**227**
이란, 페르세폴리스	**228**
TIP! 이란의 테헤란, 서울의 테헤란로	**231**
페루 쿠스코, 마추픽추	**232**
TIP! 남아메리카를 지배한 정복자, 잉카 제국	**237**

8부 _ 세계의 무덤

인도 아그라, 타지마할	**240**
TIP! 샤 자한 황제의 마지막 8년	**245**
이집트 카이로, 기자 피라미드	**246**
TIP! 피라미드의 수호신, 스핑크스	**251**

9부 _ 세계의 특별한 랜드마크

이탈리아 로마, 콜로세움 **254**
TIP! 로마의 또 다른 랜드마크, 트레비 분수 **258**

오스트레일리아 시드니, 시드니 오페라 하우스 **260**
TIP! 시드니의 또 다른 랜드마크, 하버 브리지 **264**

독일 베를린, 브란덴부르크 문 **266**
TIP! 분단의 상징, 베를린 장벽 **270**

남아프리카공화국 케이프타운, 테이블 마운틴 **272**
TIP! 인종 차별 정책, 아파르트헤이트 **276**

1부

세계의 탑

01 프랑스 파리
에펠 탑

파리, 에펠 탑

- **수도** : 파리
- **언어** : 프랑스어
- **화폐** : 유로(EUR, €)
- **면적** : 5,490만 8,687ha
- **인구** : 6,488만 1,830명(2024년)
- **종교** : 가톨릭, 신교, 유대교, 이슬람교

© NonOmnisMoriar, CC-BY-SA

문화와 예술의 도시

프랑스 파리

유럽 서부 대서양 연안에 있는 프랑스는 14세기에 절대 왕정이 세워졌어요. 이때부터 유럽 문화의 중심지로 떠오르기 시작해요. 나폴레옹 시대와 세계 대전을 겪으면서 혼란한 시기를 보냈지만 이후 정치적으로 안정을 찾으면서 세계를 이끄는 강국이 되었어요.

파리는 현재 프랑스의 수도이며, 세계의 예술과 패션, 문화를 이끌어 가는 도시예요. 수많은 역사적 유산을 지닌 도시이기도 해요. 그래서 사람들은 파리에 대해 '자유와 예술, 문화를 사랑하기에 인간이 꿈꾸는 모든 것이 존재할 수 있는 곳'이라고 말해요. 오늘날 파리는 전 세계에서 가장 많은 관광객들이 찾는 도시이고, 가장 사랑받는 도시가 되었어요.

파리의 랜드마크, 에펠 탑

'파리' 하면 에펠 탑, '에펠 탑' 하면 파리. 마치 수학 공식처럼 우리가 기억하고 있는 말이지요. 에펠 탑은 랜드마크의 대표 선수라고 할 수 있어요. 프랑스 대혁명 100주년 기념으로 만들어 1889년 파리 만국 박람회 때 선보였어요. 당시에 만국 박람회를 드나드는 출입문으로 활용되었지요.

에펠 탑은 구스타브 에펠이 1887년 설계하여 2년 2개월의 공사 기간을 거쳐 1889년에 완공했어요. 설계자의 이름을 따서 에펠 탑이라고 이름 지었지요. 총 7,300여 톤의 철을 사용하여 만든 탑의 높이는 무려 300미터로 당시 세계에서 가장 높은 인공 건축물이었어요.

원래 에펠 탑은 건설된 지 20년이 지나면 해체될 예정이었다고 해요. 그런데 그 무렵 발명된 무선 전화의 안테나로 사용되면서 해체될 위기에서 벗어났어요. 1957년에는 텔레비전 안테나가 에펠 탑 꼭대기에 설치되어 탑의 높이는 324미터가 되었어요.

에펠 탑에는 전망대가 세 곳 있어요. 전망대에는 식당과 선물 가게 등도 있지요. 제1전망대는 57미터, 제2전망대는 115미터, 제3전망대는 274미터 높이에 있어요. 전망대까지는 모두 승강기를 타고 올라갈 수 있고, 제2전망대까지는 계단으로도 올라갈 수 있어요. 에펠 탑은 낮보다는 밤이 더 아름다운데, 조명이 켜지면 센강에서 바라보는 에펠 탑의 야경은 그야말로 환상적이에요.

에펠 탑은 건축 당시에는 많은 지식인과 예술가로부터 파리의 경관을 해친다는 이유로 비난을 받기도 했어요. 대표적인 사람이 소설가 모파상이었지요. 재미있는 일화가 있어요. 모파상은 에펠 탑 전망대 안에 있는 식당에서 항상 점심을 먹었다고 해요. 왜 그토록 싫어했던 에펠 탑에서 점심을 먹었을까요? 그 이유는 그곳이 유일하게 에펠 탑이 보이지 않는 장소였기 때문이에요.

하지만 지금 에펠 탑은 프랑스를 방문하는 관광객들이 반드시 찾는 건축물로 자리 잡았고, 파리의 상징물을 넘어 세계의 랜드마크가 되었답니다.

파리의 또 다른 랜드마크
루브르 박물관

파리가 예술과 문화의 도시가 된 데에는 루브르 박물관의 역할이 컸어요. 그런 의미에서 루브르 박물관 역시 파리를 상징하는 건축물이라고 볼 수 있지요. 루브르 박물관은 바티칸 박물관, 대영 박물관과 함께 세계 3대 박물관으로 꼽혀요. 해마다 수백만 명의 관광객이 찾는 최고의 박물관 중 하나지요.

루브르 박물관은 원래 12세기경 바이킹의 침입에 대비하여 시테섬을 보호하는 요새로 지어졌어요. 그러다가 14세기 후반에 왕실 거주지로 가끔 사용되었고, 16세기 중반에는 왕궁으로 다시 지어졌어요. 1682년에는 루이 14세가 베르사유 궁전으로 옮기면서 왕실의 예술품이나 보물 등을 보관하는 장소로 바뀌었어요. 루브르 궁전이 지금처럼 박물관 역할을 한 것은 프랑스 대혁명 시기인 1793년부터예요.

혁명 정부는 루브르 궁전에 있던 많은 예술품을 시민들이 볼 수 있게 미술관으로

TIP!

바꾸었어요. 1980년대에는 루브르 궁전 전체를 박물관으로 만들었어요. 루브르 박물관의 상징이자 출입구인 유리 피라미드도 그때 만들어졌어요.

현재 루브르 박물관은 지역과 시대에 따라 8개 부분으로 나누어 유물과 보물을 전시하고 있어요. 전시 작품만 3만 5천여 점이고, 전체 소장하고 있는 작품은 38만 점에 이른다고 해요. 루브르 박물관에 가면 미술 책에서 본 많은 예술 작품을 직접 눈으로 확인할 수 있어요. 최고 인기 작품은 레오나르도 다빈치의 〈모나리자〉예요.

© Ulemas7, CC BY-SA

02 영국 런던
빅 벤

런던, 빅 벤

- **수도** : 런던
- **언어** : 영어
- **화폐** : 파운드(GBP, £)
- **면적** : 2,436만 1천ha
- **인구** : 6,796만 1,439명(2024년)
- **종교** : 기독교, 이슬람교, 무교

© Henry Kellner, CC BY-SA

 해리 포터의 도시

영국 런던

유럽 북서부에 있는 섬나라 영국은 잉글랜드, 스코틀랜드, 웨일스, 북아일랜드, 이렇게 네 나라가 합쳐져 형성된 나라예요. 산업 혁명이 제일 먼저 일어난 나라이기도 하죠. 19세기에는 전 세계에 많은 식민지를 차지하여 '대영 제국'이라고 불렸어요. 지금도 영국은 세계를 이끄는 나라 중 하나예요.

영국의 수도는 런던이에요. 유럽에서도 규모가 가장 큰 도시예요. 현재 파리와 더불어 가장 많은 관광객이 찾는 관광 도시로 유명하며, 세계 금융과 교통의 중심지로서 세계적으로 영향력이 아주 크답니다.

런던의 랜드마크, 빅 벤

런던을 흔히 여왕의 도시라고 말해요. 또 하나 빼놓을 수 없는 것이 단연 해리 포터 이야기죠. 런던의 해리 포터 스튜디오에 가면 호그와트, 그리핀도르 기숙사, 스네이프 교수 실험실 등 영화 속 세트장에서 신나는 체험을 할 수 있어요.

또한 민주주의 이야기를 하지 않을 수 없어요. 영국이 세계에서 가장 먼저 의회 민주주의를 시작했기 때문이지요. 그런 만큼 런던의 국회의사당은 의회 민주주의를 상징하는 건물이에요.

템스 강변에 있는 국회의사당은 그 웅장함과 화려함으로 유명해요. 이곳이 원래 궁전이었다는 데 중요한 의미가 있어요. 궁전을 의회 건물로 사용했다면 그만큼 의회의 역할을 중요하게 생각했다는 것이겠죠.

국회의사당 건물은 원래 웨스트민스터 궁전이었어요. 참회왕이라고 불렸던 에드워드 왕이 20년 동안 지어 사용한 왕궁이었지요. 그런데 1529년 헨리 8세 시절에 큰 불이 나서 450년간 사용된 왕궁은 다른 곳으로 옮겨졌어요. 이때부터 궁전은 의회 건물로 쓰였어요.

왕궁이었던 국회의사당은 1834년에 다시 한번 큰 불이 났어요. 웨스트민스터 홀을 제외한 대부분이 잿

어린이들이 사랑하는 피터 래빗

더미가 되는 바람에 새로 지을 수밖에 없었지요. 그래서 건축 공모전을 통해 당선된 건축가 찰스 배리와 퓨긴이 새롭게 설계했어요. 1840년부터 20년 동안 공사를 한 후 새로운 국회의사당이 탄생했지요.

© Christine Matthews, CC BY-SA

새로 지은 국회의사당은 고딕 건축물로 면적은 3만 3천 제곱미터, 1만 평에 가까워요. 복도 길이만 약 3.2킬로미터에 이르고 방은 천 개나 될 만큼 웅장한 규모예요. 국회의사당 북쪽에는 하원 의사당이, 남쪽에는 상원 의사당이 있어요. 또 북쪽에 시계탑으로 유명한 '빅 벤'이 있고, 남쪽에는 빅토리아 타워가 있어요. 빅 벤은 2012년에 엘리자베스 2세 여왕 즉위 60주년을 기념하여 '엘리자베스 타워'로 이름이 바뀌었지만 사람들은 여전히 '빅 벤'이라고 불러요.

빅 벤은 96미터 높이의 거대한 시계탑이에요. 동서남북 네 벽면에 초대형 시계가 있어요. 원래 빅 벤은 시계탑 안에 있는 무게 14톤의 거대한 종을 이르는 말이었어요. 이 종을 만든 벤저민 홀의 공로를 기리기 위해 그의 이름을 붙였어요. 몸집이 워낙 커서 '빅 벤'이라 부른 거지요. 지금은 종보다 시계가 더 유명해져서 빅 벤은 시계탑을 가리키는 말이 되었고, 국회의사당보다 더 사랑받는 런던의 랜드마크가 되었지요.

빅 벤의 시계는 지름 7미터, 시침 길이 2.7미터, 분침 길이 4.3미터로

© Ank Kumar, CC BY-SA

매우 커요. 시간을 정확히 알려 주기 때문에 방송국에서도 빅 벤을 보고 표준 시간을 맞춘다고 해요. 1859년 완공된 이래 지금까지 단 세 번만 멈췄을 정도로 튼튼하고 정밀하게 만들어졌어요.

하지만 빅 벤이 낡아서 2017년에 보수 공사를 시작했어요. 천여 개에 달하는 부품들을 하나하나 닦고 다시 조립하는 데 5년이 걸렸어요. 들어간 비용만 1,300억 원이라네요. 이는 시계 수리 비용으로 역사상 최고 금액이라고 해요. 빅 벤은 수리를 마치고 2022년에 다시 모습을 드러냈어요.

TIP!

런던의 또 다른 랜드마크
타워 브리지

보통 세계적으로 유명한 유적이나 건축물은 오랜 역사를 자랑해요. 오래된 만큼 가치를 인정받지요. 하지만 역사가 길지 않은데도 가치를 인정받거나 지역의 상징물이 된 경우도 있어요. 파리의 에펠 탑이나 런던의 타워 브리지가 그렇지요. 타워 브리지는 템스강 하류에 있는 개폐식 다리예요. 1887년에 공사를 시작해 1894년에 완공했어요. 다리 양 옆에는 두 개의 첨탑이 있고, 첨탑 사이에 위아래로 두 개의 다리를 놓았어요. 아래에 있는 다리가 열고 닫는 개폐식인데, 큰 배가 지나갈 때면 1분 30초 동안 다리가 열려요. 트랜스포머처럼 다리 가운데가 갈라지면서 위를 향해 서서히 올라가요. 아래쪽 다리가 열리면 사람들은 위쪽 다리로 강을 건너가면 되고요. 첨탑에는 엘리베이터가 있어서 위아래로 이동할 수 있어요. 위쪽 다리에 이르면 멋진 전망을 감상할 수 있어요. 자동차와 배가 드나들 수 있는 타워 브리지는 많은 사람이 찾는 명소예요. 그런 만큼 수많은 영화나 드라마의 단골 촬영지가 되면서 단숨에 런던의 인기 스타가 되었어요.

03 포르투갈 리스본
벨렘 탑

리스본, 벨렘 탑

- **수도** : 리스본
- **언어** : 포르투갈어
- **화폐** : 유로(EUR, €)
- **면적** : 922만 3천ha
- **인구** : 1,022만 3,349명(2024년)
- **종교** : 로마가톨릭

© Holger Uwe Schmitt, CC BY-SA

> 낭만과 평화의 도시

포르투갈 리스본

포르투갈은 유럽 서남부 이베리아반도 서쪽에 있어요. 15~16세기에 브라질과 아프리카에 많은 식민지를 거느린 강대국이었지요. 오랫동안 독재 정권에 시달리다 1974년 혁명으로 민주 정부가 세워졌어요. 지금은 여러 국제기구의 창립 회원국이며, 관광과 의약 산업이 발달해 있어요.

엔히크 왕자 — 항해왕

바스코 다 가마 — 인도 항로 발견

포르투갈의 수도는 리스본이에요. 항구 도시이며 포르투갈에서 제일 큰 도시예요. 13세기에 포르투갈 왕국의 수도가 된 이래 지금까지도 죽 이어 오고 있어요. 유럽에서 가장 오래된 수도인 만큼 역사가 깊어요.

18세기 중반에는 지진이 일어나 리스본의 3분의 2가 파괴될 만큼 엄청난 피해를 입기도 했어요. 하지만 곧 도시를 다시 정비하여 현대적인 도시로 탈바꿈했어요.

리스본의 랜드마크, 벨렘 탑

벨렘 탑은 세계적으로 많이 알려지지는 않았지만 포르투갈을 대표하는 랜드마크예요. 15세기 대항해 시대를 이끌었던 상징적인 건축물이기 때문이죠. 대항해 시대란 유럽 여러 나라가 앞 다투어 배를 타고 해외로 진출하던 시대를 말해요. 14~15세기 유럽의 많은 나라가 전쟁을 벌이고 있을 때 포르투갈과 스페인은 세계로 눈을 돌려 새로 뱃길을 만들고 식민지를 세우는 데 힘을 쏟았어요. 그 결과 두 나라는 많은 식민지를 차지할 수 있었고, 강대국이 되었지요.

특히, 포르투갈은 스페인보다 먼저 대항해 시대를 이끌었어요. 대표적인 탐험가로는 항해왕이라 불렸던 엔히크 왕자와 인도 항로를 발견한 바

스코 다 가마예요.

　벨렘 탑은 인도 항로를 발견한 바스코 다 가마의 공적을 기리기 위해 세웠어요. 리스본 벨렘 지역에 있는 테주강 연안에 늠름하게 서 있답니다. '벨렘'은 예수가 탄생한 도시 '베들레헴'을 일컫는 포르투갈어예요. 탑의 모습이 마치 귀부인의 드레스 자락이 드리워져 있는 것처럼 보인다고 해서 '테주강의 귀부인'이라는 별칭도 있어요.

　벨렘 탑은 포르투갈 국왕 마누엘 1세가 1514년에 건설을 시작하여 1519년에 완공했어요. 30미터 4층 높이로 지었지요. 꼭대기에 오르면 벨렘 지역 주변 경관이 한눈에 보여요. 탑 중앙에는 성모 마리아상이 있는데, 탐험대가 무사히 돌아오기를 기도하는 곳이었죠. 그리고 총독과 왕의 방, 예배당 등이 갖추어져 있고요.

　왕은 이곳에서 탐험대를 만났어요. 탐험가들은 탑을 바라보며 무사 귀환을 빌었고, 돌아와서도 무사 귀환에 감사하는 기도를 드렸다고 해요.

　벨렘 탑은 외국에서 들어오는 배를 감시하는 요새로도 사용되었어요. 포르투갈이 스페인과 합병되었을 때는 지하를 감옥으로 사용했어요. 죄수들을 고문하는 장소로 쓰기도 했고요. 그 방법이 아주 특이했어요. 바닷물의 만조와 간조를 이용하는 것이었어요. 만조 때 지하 감옥에 물이 차오르면 죄수들은 중앙에 있는 직사각형 구멍으로만 숨을 내쉴 수 있었어요. 만조 때면 물에 빠져 죽을지도 모른다는 심한 공포감이 밀려왔기에 매우 섬뜩한 곳으로 알려져 있었다고 해요.

　벨렘 탑은 현재 박물관으로 사용되고 있어요. 1983년에는 근처에 있는 제로니무스 수도원과 함께 유네스코 세계문화유산으로 지정되었어요.

리스본의 또 다른 랜드마크
제로니무스 수도원

제로니무스 수도원은 벨렘 탑과 함께 가장 훌륭한 유적 중 하나로 평가받고 있는 건축물이에요. 마누엘 1세가 명하여 1502년에 착공했고, 모든 공사가 완전히 마무리된 건 1672년이었어요. 이 수도원도 바스코 다 가마를 위해 세워졌어요. 인도 항로 발견과 무사 귀환을 기념하는 곳이었죠.

원래 수도원이 세워진 자리에는 산타 마리아 예배당이 있었어요. 이 예배당은 마누엘 1세의 조상이자 항해왕인 엔리케가 세웠는데, 본래는 왕실 묘지로 사용하려던 것이었어요. 그런데 바스코 다 가마가 인도 항로를 열어 비단과 향신료를 갖고 들어오자 마누엘 1세는 그의 업적을 기리기 위해 이곳을 수도원으로 바꾸었어요.

수도원을 처음 설계한 사람은 디오고 보이탁이에요. 그 뒤를 이어 여러 건축가들이 수도원을 완공했어요. 건축 비용은 동양에서 수입한 향신료에 매긴 세금 5퍼센트로 충당했어요. 마누엘 1세가 죽은 뒤에 공사가 잠시 중단되었다가 1550년에 다시 시작되었지요. 수도원 안에는 예배당, 수도원, 성당, 묘지 등이 들어서 있어요.

© Kent Wang, CC BY-SA

TIP!

수도원의 성당 입구에는 마누엘 1세와 그의 왕비 마리아, 성 제로니무스, 세례자 요한 등의 조각상이 있고, 남문 회랑 쪽에도 24개의 성인 조각상이 세워져 있어요. 특히, 왕실 묘지에는 마누엘 1세의 무덤이 있고, 바스코 다 가마의 무덤도 있어요. 수도원은 1850년에 한 차례 증축되었어요. 이때 고고학 박물관과 해양 박물관이 새로 지어졌어요.

04 말레이시아 쿠알라룸푸르
페트로나스 트윈 타워

쿠알라룸푸르,
페트로나스 트윈 타워

- **수도** : 쿠알라룸푸르
- **언어** : 말레이어
- **화폐** : 말레이시아 링깃(MYR, RM)
- **면적** : 3,304만 1,100ha
- **인구** : 3,467만 1,895명(2024년)
- **종교** : 이슬람교, 불교, 힌두교

다양성을 사랑하는 도시

말레이시아 쿠알라룸푸르

말레이시아는 입헌군주제로 다스려지는 나라로 동남아시아에 속해 있어요. 1786년부터 영국의 식민지였다가 1957년 말레이시아 정부를 세워 독립을 이루었어요. 말레이시아는 여러 인종과 민족이 섞여 살아요. 말레이계가 가장 많고, 중국계, 인도계, 원주민 다약과 카다잔두순 등 다양한 민족이 살고 있어요. 대다수 국민은 이슬람교를 믿고 있어요.

말레이시아의 수도는 쿠알라룸푸르예요. 문화·교통·상업의 중심지이자 최대 도시이지요. 1857년 87명의 중국인 광부들이 쿠알라룸푸르 암팡 지역에서 주석을 채굴하기 시작하면서 도시로 발전했어요. 1990년대 이후에는 아시아 경제 성장 분위기를 타고 빠르게 발전했지요. 도시가

말레이시아 전통 무술 '실랏'

갑자기 커지면서 지금은 열악한 상수도 시설과 교통 체증 등 여러 문제를 겪고 있어요.

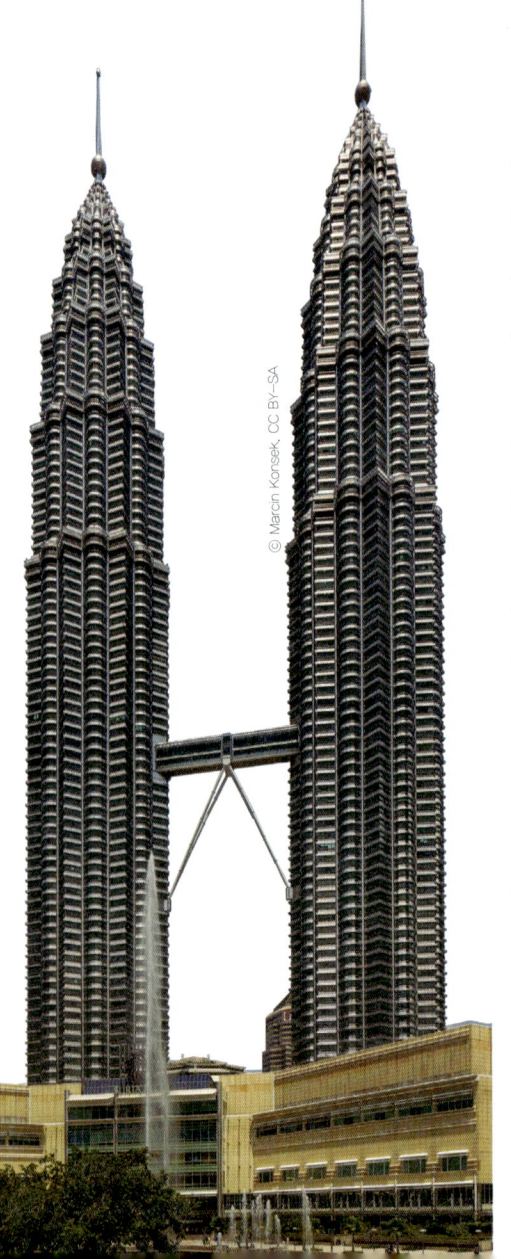

쿠알라룸푸르의 랜드마크, 페트로나스 트윈 타워

쿠알라룸푸르에는 말레이시아의 발전을 상징하는 페트로나스 트윈 타워가 있어요. 이 건물 소유주인 '페트로나스'에서 따온 이름이에요. 국영 석유 회사인 페트로나스 본사 건물이기도 하고요.

전체 높이는 무려 452미터, 지하 6층, 지상 88층으로 지어져 완공 당시에는 세계에서 가장 높은 건물로 꼽혔어요. 지금은 더 높은 건물들이 생겨서 세계 최고라는 칭호는 없어졌지만 세계에서 가장 높은 쌍둥이 빌딩이라는 것은 변함없어요.

페트로나스 트윈 타워는 아르헨티나 태생의 미국 건축가 세자르 펠리가 설계했어요. 철근 콘크리트 건축물로 1992년에 공사를 시작해서 1998년에 완성했지요.

건물 내부와 외부는 웅장하고 멋져요. 외

부는 스카이 브리지가 두 건물을 이어 주는 모양으로 서 있어서 보다 튼튼하고 흔들림이 없다고 해요. 내부에는 유명 기업들의 사무실과 화려한 쇼핑몰이 들어서 있어요. 지상 88층 건물이지만 88층 위로 4개 층이 하나의 층을 이루는 중층 구조로 되어 있어서 정확하게는 92층 건물인 셈이에요.

맨손으로 건물을 오르는 알랭 로베르

몇 가지 재미있는 일화가 있어요. 페트로나스 트윈 타워는 우리나라 건설사와 일본 건설사가 각각 한쪽 빌딩을 맡아 지었어요. 서로 빨리 짓기 위해 경쟁을 했지요. 결과는 한국의 승리였어요. 우리나라 건설사가 일본보다 늦게 공사를 시작했는데도 일본보다 빨리 완공해서 한국의 기술력을 인정받는 계기가 되었지요.

또 다른 일화는 고층 빌딩을 맨손으로 오른 알랭 로베르 이야기예요. 1997년 페트로나스 트윈 타워가 완공되자 알랭은 장비 없이 타워를 오르기 시작했어요. 하지만 60층에서 경찰에게 체포되고 말았지요. 2007년에 다시 건물 오르기를 시도하다 또 실패했어요. 그는 포기하지 않고 2009년 다시 한번 시도해서 마침내 88층까지 올랐어요. 하지만 결국 보안 요원에게 붙잡히고 말았답니다.

초고층 건물이 많은 도시
쿠알라룸푸르

쿠알라룸푸르는 유난히 고층 건물이 많은 도시예요. 마치 경쟁하듯 건물이 계속 높아지고 있지요. 랜드마크인 페트로나스 트윈 타워는 1998년 완공 당시에는 세계에서 가장 높은 건물이었어요. 하지만 다른 나라들이 초고층 건물들을 지으면서 순위가 뒤로 밀렸어요.

그래도 말레이시아에서는 여전히 가장 높은 건물이었는데 '더 익스체인지 106'이 생기면서 일등 자리를 내주고 말았어요. 2019년에 완공된 더 익스체인지 106은 높이 492미터로 동남아시아에서도 가장 높은 건물이에요. 더 익스체인지 106이 등장하기 전에는 베트남 호치민에 있는 '랜드마크 81'이 동남아시아에서 제일 높은 건물이었어요. 그 높이가 무려 469.5미터예요.

ⓒ naim fadil, CC BY-SA

TIP!

말레이시아가 궁금하다면?

하지만 더 익스체인지 106도 곧 동남아시아에서 가장 높은 건물이라는 자리를 내주게 되었어요. 쿠알라룸푸르에 678.9미터, 지상 118층 높이의 건물 '메르데카 PNB 118'이 2024년 1월에 완공되었어요. 메르데카 PNB 118은 동남아시아에서 제일 높은 건물이고, 세계에서 두 번째로 높은 건물이에요.

쿠알라룸푸르에 놀러 와!

05 인도네시아 자카르타
모나스 타워

- **수도** : 자카르타
- **언어** : 인도네시아어
- **화폐** : 인도네시아 루피아(IDR, Rp)
- **면적** : 1억 9,169만 677ha
- **인구** : 2억 7,979만 8,049명(2024년)
- **종교** : 이슬람교, 기독교, 힌두교

© Ramayoni, CC BY-SA

> 다문화의 꽃

인도네시아 자카르타

동남아시아에 있는 인도네시아는 1만 3천여 개의 섬으로 이루어진 세계 최대의 섬나라예요. 대다수 국민이 이슬람교를 믿지만 누구나 종교를 선택할 수 있는 자유가 있어요.

인도네시아의 수도는 자카르타예요. 동남아시아에서 가장 큰 도시이자 인도네시아의 정치·경제·문화의 중심지이기도 하지요. 자바섬 북서쪽에 있는 자카르타는 현대적 설비를 갖춘 항구가 있어 일찍이 무역이 발달했어요. 하지만 지구 온난화의 영향으로 해수면이 점점 높아지면서 도시가 물에 잠기고 있어 자카르타 주민들은 큰 근심에 빠져 있어요.

자카르타의 랜드마크, 모나스 타워

인도네시아를 찾는 관광객들

© Gunkarta, CC BY-SA

이 제일 먼저 찾는 명소는 므르데카 광장에 있는 모나스 타워예요. '모나스(Monas)'는 국립 기념탑을 뜻하는 인도네시아어 'Monumen Nasional'을 줄인 말이에요. 그래서 '국가 독립 기념탑' 또는 '국립 기념탑'이라고도 불린답니다.

모나스 타워는 1945년 네덜란드 식민지로부터 해방된 것을 기념하는 탑이에요. 조국 독립을 위해 싸운 인도네시아 국민의 투쟁 정신을 기억하기 위해 만들어졌지요. 1961년 8월 수카르노 대통령이 명하여 공사가 시작된 이래 14년 만에 완공했어요.

탑의 높이는 137미터로 꼭대기에는 불꽃 모양의 조각이 있어요. 이 조각은 무려 35킬로그램이나 되는 순금으로 만들었다고 해요. 불꽃은 조국 독립을 위해 몸을 바친 인도네시아 국민들의 열정을 의미하지요. 엘리베이터를 타고 115미터 지점에 있는 전망대까지 오를 수 있고, 이곳 전망대에서 탑 주변에 있는 대통령 관저나 이슬람 사원, 북쪽 해변, 남쪽에 있는 산들까지 한눈에 볼 수 있어요.

탑 내부에는 선사 시대부터 오늘날까지 인도네시아 역사를 들여다볼 수 있는 역사 박물관이 있어요. 인류의 조상인 자바 원인의 탄생에서부터 대항해 시대, 네덜란드의 식민지였던 시절, 그리고 독립 국가가 되기까지의 과정을 살펴볼 수 있답니다. 특히, 이곳에는 수카르노 대통령이 직접 손으로 쓴 독립 선언문 원본이 보관되어 있어요.

호모 에렉투스 화석
자바 원인

화석을 통해 알게 된
자바 원인의 얼굴 모습

인도네시아 자바섬에서 오래전 인류의 화석인 자바 원인이 발견돼요. 200만 년 전 지구에 살았던 호모 에렉투스의 화석이지요. 오늘날 우리와 같은 인류인 호모 사피엔스와는 다른 종으로 10만 년 전에 멸종되었어요. 자바섬에서는 호모 에렉투스의 머리뼈와 이빨, 넓적다리뼈가 발견되었답니다.

자바 화석은 외젠 뒤부아라는 인류학자가 발견했어요. 네덜란드 암스테르담 대학의 해부학 조교였던 뒤부아는 네덜란드령 인도네시아에 군의관으로 파견되어 고고학 탐험을 했어요. 1889년부터 자바섬을 탐사하기 시작했는데, 화석 인류인 자바 원인을 발견한 것이지요. 뒤부아는 화석이 된 머리뼈와 이빨, 넓적다리뼈를 꼼꼼하게 맞추어 보고 자바 원인이 두 발로 걸어 다녔음을 알아냈어요. 그리고 '피테칸트로푸스 에렉투스'라는 이름을 붙여 주었지요. 이후 학계에서는 뒤부아가 발견한 화석을 최초의 호모 에렉투스('똑바로 선 사람'이라는 뜻)라고 발표해요. 자바섬에서 또 다른 화석이 발견되기도 했어요. 1936년에 베를린 출신의 고고학자 쾨니히스발트가 자바 원인과 비슷한 머리뼈 화석을 발견했어요. 이로써 호모 에렉투스가 자바섬에 살고 있었다는 것이 더 확실해졌어요. 자바 원인은 200만 년 전부터 지구에 살았으니까 70만 년 전부터 살았던 베이징 원인보다 더 오래된 호모 에렉투스 종이에요.

06 일본 도쿄
도쿄 타워

도쿄, 도쿄 타워

- **수도** : 도쿄
- **언어** : 일본어
- **화폐** : 일본 엔(JPY, ¥)
- **면적** : 3,779만 7,400ha
- **인구** : 1억 2,263만 1,432명(2024년)
- **종교** : 신도, 불교, 기독교

© J o, CC BY-SA

가깝고도 먼 이웃 도시

일본 도쿄

동아시아에 속한 일본은 홋카이도, 혼슈, 시코쿠, 규슈 등 네 개의 큰 섬과 작은 섬들로 이루어진 나라예요. 독일, 이탈리아와 함께 제2차 세계 대전을 일으켰지만 히로시마와 나가사키에 원자폭탄을 맞고 항복했어요. 전쟁에서 패한 이후 일본은 눈부신 경제 성장을 이루어 아시아에서 가장 부유한 국가가 되었어요.

일본의 수도는 도쿄예요. 세계 최대의 지하철 교통망을 가진 도시로 유명하지요. 도쿄는 일본의 정치·경제·사회·문화·외교의 중심지이자 산업과 금융도 크게 발달한 대도시입니다. 그래서 뉴욕, 런던과 함께 세계 3대 도시로 손꼽히고 있어요.

두려움에 맞서면 더 많은 걸 배우게 돼!

도쿄 타워 전망대
© Dick Thomas Johnson, CC BY-SA

　도쿄에는 세계적으로 유명한 지브리 스튜디오가 있어요. 전 세계 어린이가 사랑하는 〈이웃집 토토로〉가 탄생한 곳이죠. 애니메이션 영화의 거장 미야자키 하야오는 지브리 스튜디오에서 치히로, 원령 공주, 나우시카 등의 주인공을 탄생시켰어요. 지브리 스튜디오에 가면 애니메이션의 세계에 푹 빠져 볼 수 있어요. 엄마 아빠를 찾으러 떠났다가 이상한 모험을 하게 되는 치히로와 숲의 정령인 토토로를 만날 수 있답니다.

도쿄의 랜드마크, 도쿄 타워

　도쿄 타워는 도쿄의 미나토구에 우뚝 솟아 있는 탑이에요. 파리의 에펠 탑을 모방하여 만들었는데, 관광 명소로는 에펠 탑만큼 인기가 많지요. 높이는 333미터로 빨간색과 하얀색이 엇갈리며 칠해져 있어서 눈에 잘 띄어요.

에펠 탑보다 9미터나 더 높지만 철강 구조물은 에펠 탑보다 훨씬 적게 들어갔다고 해요. 그 이유는 에펠 탑이 세워진 1889년보다 철강 기술이 훨씬 발달한 덕분이에요.

도쿄 타워는 일본 전파탑 주식회사가 중심이 되어 1957년 7월 공사를 시작했고, 1년 3개월 만에 완공했어요. 정식 명칭은 '일본 전파탑'이에요. 방송사가 송신탑을 한 곳에 모아 전파를 보내기 위해 건설했지요. 탑 위쪽에 설치되어 있는 각 방송사의 송신 안테나가 전파를 송신해요. 안테나 기능을 하는 것이죠.

도쿄 타워에는 두 개의 전망대가 있어요. 지상에서 150미터 지점에 첫 번째 전망대가 있는데, 여기서 엘리베이터를 갈아타고 100미터를 더 올라가면 특별 전망대가 있어요. 이곳에서 도쿄 시내를 한눈에 내려다볼 수 있어요. 날씨가 좋은 날에는 멀리 후

지산까지 보인다고 해요. 또 타워 아래 부분인 4층 건물에는 과학관, 수족관, 밀랍 인형관, 쇼핑 시설 등이 갖추어져 있어서 다양한 볼거리를 제공한답니다.

도쿄 타워는 한동안 일본에서 가장 높은 건축물이었는데, 2012년에 높이 634미터의 도쿄 스카이트리가 세워지면서 일등 자리를 내주었어요.

TIP!

세계에서 가장 높은 전파탑
도쿄 스카이트리

ⓒ くろふね, CC BY-SA

도쿄 스카이트리도 전파탑이에요. 높이가 무려 634미터로 세계에서 가장 높은 전파탑으로 기네스북에 올라 있답니다. 2008년 7월 공사를 시작하여 2012년 2월에 완공했어요.

도쿄 스카이트리도 방송 전파를 순조롭게 보내기 위해 만들어졌어요. 그전에는 도쿄 타워를 이용했지만 고층 건물들이 많아지면서 전파가 잘 안 잡히자 도쿄 외곽에 새로운 전파탑을 만든 것이지요.

도쿄 스카이트리에도 두 개의 전망대가 있어요. 제1전망대는 지상에서 350미터 지점에 있고, 전면에 유리가 설치되어 있어서 전방 70킬로미터까지 볼 수 있다고 해요. 제2전망대는 지상에서 450미터 지점에 있는데, 이곳에는 유리로 된 복도가 있어서 걸으면 마치 공중을 산책하는 듯한 느낌을 받는다고 해요.

도쿄 스카이트리는 전파탑으로는 세계에서 가장 높고, 건축물로는 두바이에 있는 부르즈 할리파(828미터), 말레이시아의 메르데카 PNB 118(678.9미터)에 이어 세 번째로 높답니다.

07 캐나다 토론토
CN 타워

토론토, CN 타워

- **수도 :** 오타와
- **언어 :** 프랑스어, 영어
- **화폐 :** 캐나다 달러(CAD, C$)
- **면적 :** 15억 6,344만 1천ha
- **인구 :** 3,910만 7,046명(2024년)
- **종교 :** 가톨릭, 개신교

© Laslovarga, CC BY-SA

다름이 다양성으로 빛나는 도시

캐나다 토론토

북아메리카에 있는 캐나다는 세계에서 두 번째로 땅이 넓은 나라예요. 15세기부터 영국과 프랑스의 식민지였다가 18세기 중반부터는 영국의 식민지가 되었고, 19세기 중반 이후 계속 자치권을 얻으면서 1982년에 영국으로부터 완전히 독립했어요.

토론토는 캐나다에서 가장 큰 도시이자 가장 인구가 많은 도시예요. 금융과 상업의 중심지이기도 하지요. 미국과 경계를 이루는 온타리오호의 서북부에 있어서 세인트로렌스 수로를 통해 대서양과 연결돼요. 또 오대호를 통해 미국의 공업 중심지와 이어져 있어 국제 교역의 심장 역할을 하고 있답니다.

토론토의 랜드마크, CN 타워

CN 타워는 토론토 중심부에 있는 높이 553.33미터의 전파 송출탑이에요. 토론토뿐만 아니라 캐나다에서도 가장 높은 건축물이에요. 1973년에 공사를 시작하여 1976년에 완공했지요. 이후 세계에서 가장 높은 전파탑이었는데, 2010년 광저우 타워가 등장하면서 일등 자리를 내주었어요. 2012년 도쿄 스카이트리가 세워지자 또 세계 3위로 밀려나게 되었지요.

CN 타워라는 이름은 캐나다 국영 철도 회사(Canadian National Railway)

CN 타워에서 내려다본 토론토 시내

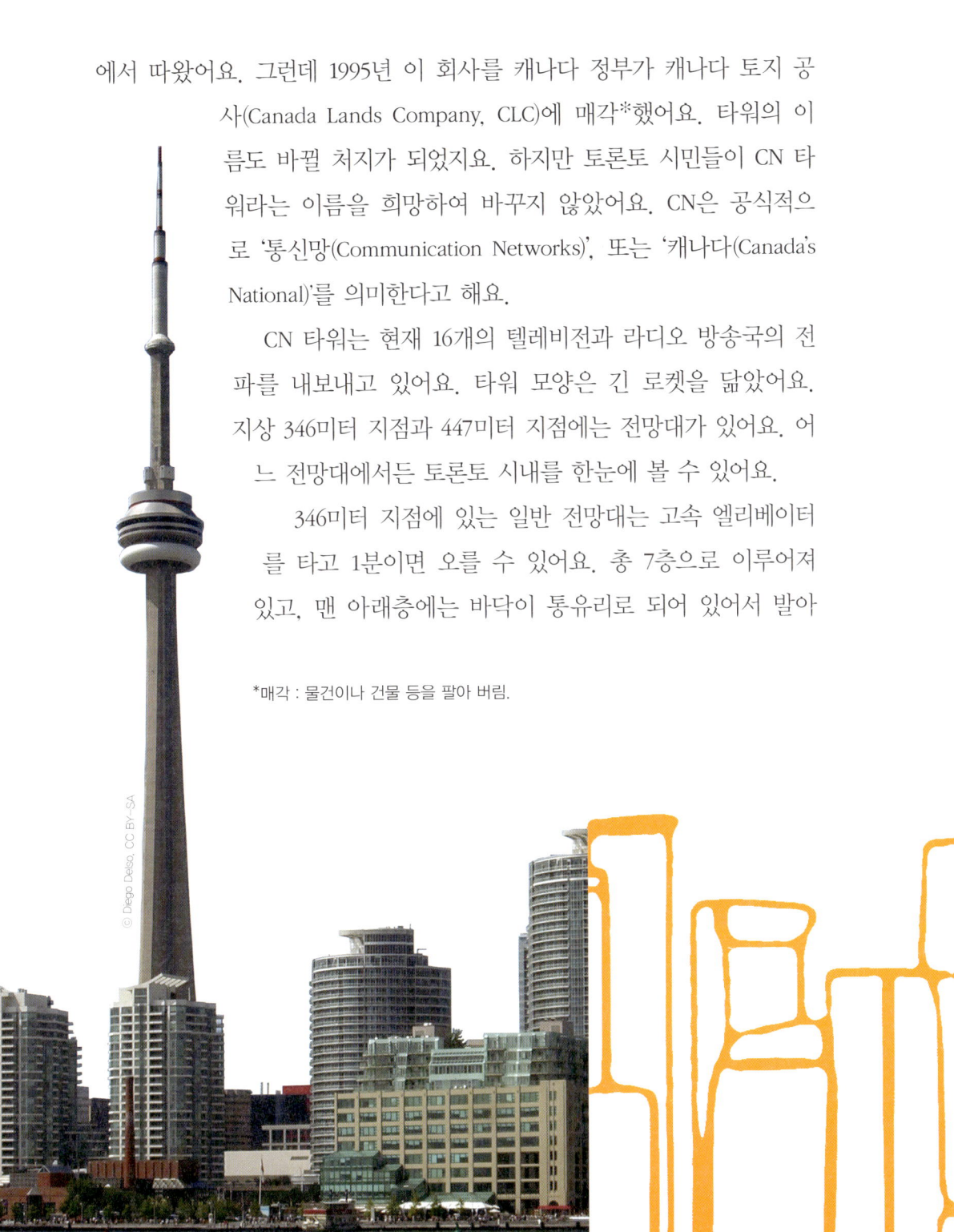

에서 따왔어요. 그런데 1995년 이 회사를 캐나다 정부가 캐나다 토지 공사(Canada Lands Company, CLC)에 매각*했어요. 타워의 이름도 바뀔 처지가 되었지요. 하지만 토론토 시민들이 CN 타워라는 이름을 희망하여 바꾸지 않았어요. CN은 공식적으로 '통신망(Communication Networks)', 또는 '캐나다(Canada's National)'를 의미한다고 해요.

CN 타워는 현재 16개의 텔레비전과 라디오 방송국의 전파를 내보내고 있어요. 타워 모양은 긴 로켓을 닮았어요. 지상 346미터 지점과 447미터 지점에는 전망대가 있어요. 어느 전망대에서든 토론토 시내를 한눈에 볼 수 있어요.

346미터 지점에 있는 일반 전망대는 고속 엘리베이터를 타고 1분이면 오를 수 있어요. 총 7층으로 이루어져 있고, 맨 아래층에는 바닥이 통유리로 되어 있어서 발아

*매각 : 물건이나 건물 등을 팔아 버림.

CN 타워 전망대에서 모험을 즐기는 사람들

래로 도시를 내려다볼 수 있어요.

447미터 지점에 있는 전망대는 '스카이 포드'라고 불리는데, 이곳에서는 날씨가 맑은 날이면 120킬로미터나 떨어져 있는 나이아가라 폭포를 볼 수 있답니다.

일반 전망대 밖에는 엣지 워크라는 아찔한 장소가 있어요. 몸에 단단한 로프를 매고 아슬아슬하게 난간을 산책해 보는 거죠. 무섭기는 하지만 발아래에 펼쳐진 도시를 한눈에 내려다보며 스릴을 맛볼 수 있어요. 엣지 워크를 다 걷고 나면 수료증도 받을 수 있답니다.

TIP!

토론토의 또 다른 랜드마크
로저스 센터

로저스 센터는 토론토 중심에 있는 다목적 돔 경기장이에요. CN 타워 바로 옆에 있는데, 토론토의 또 다른 랜드마크로 이름난 곳이지요. 로저스 센터는 현재 미국 메이저리그 소속 프로야구 팀 토론토 블루제이스의 홈구장으로 사용되고 있어요. 우리나라의 류현진 선수가 2019년 2월 토론토 블루제이스와 4년 계약을 맺고 활동한 곳이기도 해요.

© TorontoGuy79, CC BY-SA

로저스 센터의 특별한 점은 세계 최초의 개폐식 돔 구장이라는 사실이에요. 1986년 10월 공사를 시작하여 1989년 6월에 개장했어요. 원래 이름은 '스카이 돔'으로 공모전을 통해 시민들이 지었어요. 통신회사인 로저스 커뮤니케이션이 2005년에 구장을 인수하면서 로저스 센터로 이름을 바꾸었지요.

© Taxiarchos228, CC BY-SA

로저스 센터의 전체 크기는 좌우 길이가 99.9미터, 중앙 길이가 121.9미터, 펜스 높이가 3.3미터예요. 운동장에는 인조 잔디가 깔려 있고, 5만 명 넘는 인원이 관람할 수 있어요. 야구를 관람할 수 있는 70여 개의 객실을 포함하여 총 350여 개의 객실을 갖춘 호텔도 있고, 식당, 쇼핑몰 등 부대 시설도 갖추고 있어요. 야구 경기가 없는 날에는 대규모 공연이나 박람회 등이 열리는 장소로도 사용되고 있어요.

08 멕시코 멕시코시티
독립 기념탑

 멕시코시티, 독립 기념탑

- **수도** : 멕시코시티
- **언어** : 에스파냐어
- **화폐** : 멕시코 페소(MXN, Mex$)
- **면적** : 1억 9,643만 7,500ha
- **인구** : 1억 2,938만 8,467명(2024년)
- **종교** : 가톨릭, 개신교, 토착 신앙

© Carlos Valenzuela, CC BY-SA

마야 문명을 꽃피운 도시

멕시코 멕시코시티

북아메리카 대륙 남쪽에 있는 멕시코는 고대 마야 문명과 아스테카 문명을 꽃피웠던 나라예요. 16세기에는 스페인의 식민지가 되기도 했지만 1821년에 스페인으로부터 독립을 이루어 냈고요. 1970년대에는 석유가 생산되면서 경제가 빠르게 성장할 수 있었답니다.

멕시코의 수도는 멕시코시티예요. 아메리카 대륙에서 가장 오랜 역사를 자랑하는 대도시 중 하나지요. 멕시코의 정치·경제·문화의 중심지이기도 하고요. 멕시코시티는 16세기부터 라틴아메리카 문화의 중심지 역할을 해 왔어요. 20세기 말에는 세계에서 가장 면적이 큰 도시로 발전했어요.

© Daderot, CC BY

© Daderot, CC BY

멕시코시티의 랜드마크, 독립 기념탑

멕시코는 300여 년 동안 스페인의 식민지였다가 독립을 이루었어요. 그런 까닭에 독립 기념탑은 멕시코인들에게 매우 큰 의미가 있는 상징물이에요. 수도 중심가에 있는 대표적인 랜드마크랍니다. 멕시코인들은 독립 기념탑을 '앙헬 탑' 또는 '천사의 탑'이라고 부르기도 해요. '앙헬(Ángel)'은 스페인어로 '천사'를 의미해요.

멕시코는 1821년에 독립을 이루었지만 처음 독립을 선언하고 독립 전쟁을 시작한 해는 1810년이에요. 독립 선언 100주년이 된 1910년에 이를 기념하는 탑을 세운 것이랍니다.

탑의 전체 높이는 36미터, 기둥 높이는 22미터, 꼭대기에 있는 황금 조각상 높이는 6.7미터예요. 황금 조각상은 그리스 신화에 나오는 승리의 여신 니케를 형상화했어요. 순금으로 만들어진 동상은 오른손에 월계관을, 왼손에는 끊어진 쇠사슬을 들고 있어요. 월계관은 멕시코 독립 영웅인 미겔 이달고의 승리를 의미하며, 끊어진 쇠사슬은 자유를 의미해요. 탑 아래에는 월계수 띠를

© Jptellezgiron, CC BY-SA

두르고 있는 사자상과 이 사자상을 이끌고 있는 어린이상이 있는데, 전쟁 중에는 용맹하고 평화로울 때는 순한 멕시코 국민을 의미해요. 또 네 귀퉁이에 세워진 조각상은 법, 정의, 전쟁, 평화를 의미해요. 사자상 위쪽에는 민족 지도자인 미겔 이달고

마야 문명의 치첸이트사는 세계 7대 불가사의!

와 독립 영웅들의 동상이 당당히 서 있어요. 이들 독립 영웅들의 유골도 독립 기념탑 안에 안치되어 있어요.

    2022년 5월 4일에 독립 기념탑에는 태극기를 상징하는 빨간색과 파란색 조명이 켜졌어요. 한국과 멕시코가 수교를 맺은 지 60주년을 기념하여 '한국 이민자의 날'을 기리는 행사였답니다.

TIP!

멕시코시티의 또 다른 랜드마크
혁명 기념탑

멕시코 역사에서 '독립'과 '혁명'은 매우 중요해요. 그래서 독립과 혁명을 기념하는 탑은 귀중한 유적이지요.

혁명 기념탑은 원래 혁명을 기념하기 위해 만들어진 건 아니에요. 1906년 멕시코 대통령이었던 독재자 포르피리오 디아스는 입법 궁전을 만들려고 공사를 시작했어요. 이때 독재 정권에 반대하는 혁명이 일어나 공사가 중단되었지요. 혁명이 잠잠해지자 1933년 멕시코 건축가 카를로스 오브레곤은 입법 궁전을 멈추고 혁명 기념탑으로 만들기로 했어요. 그리고 1938년에 완공했지요.

© Haakon S. Krohn, CC BY-SA

혁명 기념탑의 네 귀퉁이에는 개혁, 농민, 노동자, 법을 상징하는 조각상이 세워져 있어요. 탑 안에는 멕시코 혁명을 이끈 영웅 프란시스코 마데로, 베누스티아노 카란사, 플루타르코 카예스, 프란시스코 비야의 유골이 모셔져 있어요.

혁명 기념탑 아래에는 국립 혁명 박물관도 있어 멕시코의 독립과 혁명 역사를 살펴볼 수 있답니다. 총 네 개의 전시실에는 혁명 당시 영웅들이 입었던 군복과 무기, 당시의 사진 등이 전시되어 있어요.

09 아르헨티나 부에노스아이레스
오벨리스크

부에노스아이레스, 오벨리스크

- **수도** : 부에노스아이레스
- **언어** : 에스파냐어
- **화폐** : 아르헨티나 페소(ARS, $)
- **면적** : 2억 7,804만ha
- **인구** : 4,605만 7,866명(2024년)
- **종교** : 가톨릭, 개신교, 무교

낭만과 열정의 도시

아르헨티나 부에노스아이레스

남아메리카 대륙 동남부에 있는 나라. 축구로 유명한 아르헨티나는 16세기부터 스페인의 식민지였다가 1816년이 되어서야 독립을 이루었어요. 1930년대까지만 해도 선진국으로 불릴 만큼 부유했지만 군부 쿠데타가 여러 차례 일어나 많은 혼란을 겪고 경제는 몰락했지요. 하지만 1983년 민간 정부가 들어서면서 안정을 되찾기 시작했어요.

부에노스아이레스는 아르헨티나와 우루과이를 지나는 라플라타강 하구의 넓은 평원에 자리 잡고 있어요. 아르헨티나가 스페인으로부터 독립한 후 부에노스아이레스주의 주도가 되었다가 1880년 아르헨티나의 수도가 되면서 빠르게 발전했어요.

부에노스아이레스의 랜드마크, 오벨리스크

세계에서 가장 넓은 거리로 알려진 '7월 9일 대로'. 그 한가운데에는 거대한 오벨리스크가 우뚝 서 있어요. 부에노스아이레스에서 가장 멋진 랜드마크지요. 오벨리스크는 원래 태양신을 숭배하기 위해 고대 이집트에서 만든 상징물이에요. 단면은 사각형 모양으로 길쭉하게 생긴 기둥인데, 위로 올라갈수록 가늘어지다가 꼭대기는 뾰족하답니다.

부에노스아이레스의 오벨리스크는 1936년에 아르헨티나 대통령이 처음 만들자고 했어요. 도시를 건설한 지 400년이 되었지만 랜드마크가 없다는 것이 아쉬웠지요. 건축가 알베르토 프레비시가 설계를 맡아 했는데, 놀라운 것은 단 두 달 만에 완성했다는 점이에요.

오벨리스크의 높이는 67미터이고, 내부에는 꼭대기까지 올라가는 206개의 계단이 있어요. 꼭대기에서 창문을 내려다보면 도시 전경을 한눈에 볼 수도 있어요.

부에노스아이레스의 오벨리스크도 처음에는 에펠 탑처럼 인기가 없었어요. 시민들은 대로 한가운데에 서 있는 모습이 흉물스럽다고 생각했지요. 그래서 허물고 새로운 건축물을 만들자는 법안까지 나왔다고 해요. 하지만 시장이 반대하여 지금의 오벨리스크가 남을 수 있었어요.

이제 오벨리스크는 부에노스아이레스를 빛내며 시민들과 희로애락을 같이하는 상징물이자 자부심으로 우뚝 서 있어요.

탱고의 발상지 부에노스아이레스

TIP!

탱고는 아르헨티나의 대표적인 대중음악이에요. 아주 경쾌한 춤곡이지요. 탱고가 어떻게 탄생했는지에 대한 정확한 기록은 없어요. 하지만 1880년대 부에노스아이레스의 하층민들이 사는 보카라는 마을에서 처음 생겨났다고 전해져요. 이곳은 아르헨티나와 우루과이 사이를 흐르는 라플라타강 유역에 있는 작은 항구 마을이에요.

© Sagitarius Plus, CC BY-SA

탱고는 쿠바의 춤곡인 하바네라가 변형된 것이랍니다. 선원들이 보카 마을에서 즐긴 하바네라가 정열적인 탱고 음악이 되었지요. 탱고의 인기는 곧 프랑스를 거쳐 유럽으로 퍼져 나갔어요.

탱고의 발상지 보카는 세계적인 축구 스타 마라도나가 태어나고 자란 곳으로도 유명해요. 이곳에 가면 탱고를 들으며 춤을 출 수 있답니다. 레스토랑이나 바에 가면 쉽게 즐길 수 있지요. 광장 야외 무대에서는 탱고 콘서트가 무료로 열리기도 해요. 무대에서 추는 탱고 춤을 바라보면 마치 곡예를 하는 것처럼 신기합니다. 하지만 자연스럽게 추는 것이 탱고 춤의 매력이라고 하네요.

2부

 **세계의 궁전, 성**

10 러시아 상트페테르부르크
예르미타시 미술관

상트페테르부르크, 예르미타시 미술관

- **수도** : 모스크바
- **언어** : 러시아어
- **화폐** : 러시아 루블(RUB, руб)
- **면적** : 17억 982만 5천ha
- **인구** : 1억 4,395만 7,079명(2024년)
- **종교** : 러시아정교, 이슬람교, 유대교, 가톨릭

© Richard Mortel, CC BY

> 붉은 제국의 영광이 깃든 도시

러시아 상트페테르부르크

세계에서 가장 넓은 영토를 가진 러시아는 유럽 동부와 아시아 중북부에 걸쳐 있어요. 1917년 두 차례나 혁명이 일어나 세계 최초로 사회주의 국가를 세웠지요. 1922년에는 주변 14개국과 함께 소비에트 사회주의 공화국 연방(소련)을 건국하기도 했어요. 하지만 1991년 소련이 붕괴되면서 러시아를 포함한 15개의 구성국은 각각 독립하게 되었어요.

상트페테르부르크는 러시아 수도인 모스크바에 이어 두 번째로 큰 도시예요. 러시아 제국 시절 200년 동안 수도였기에 많은 역사 문화 유산이 남아 있어요. 표트르 대제가 완전한 유럽풍 도시를 건설하기 위해 만든 계획도시이지요. 러시아 최대의 항구 도시로서 네바강을 따라 펼쳐지는 고색창연

한 건축물들의 풍경은 아름답기로 유명해요.

1990년에는 유네스코 세계문화유산으로 도시 전체가 지정될 만큼 역사 문화적 가치가 매우 크답니다.

상트페테르부르크의 랜드마크, 예르미타시 미술관

상트페테르부르크의 페트로파블로프스크 요새

상트페테르부르크에 있는 많은 건축물 중 가장 아름다운 건축을 꼽으라면 단연 '겨울 궁전'일 거예요. 러시아 국왕이 겨울에 머물기 위해 지은 궁전이에요. 지금은 국립 예르미타시 미

술관으로 사용되고 있지요.

1711년에 지어진 겨울 궁전은 평소 검소했던 표트르 대제의 뜻에 따라 화려하지 않고 평범하게 꾸며졌어요. 지금처럼 호화롭게 궁전을 바꾼 사람은 표트르 대제의 딸인 엘리자베타예요. 엘리자베타는 10년 동안 공사를 하여 겨울 궁전을 화려하게 고쳤어요. 궁전의 전체 둘레는 2킬로미터나 되고, 방은 1,050개, 계단은 120개, 창문은 2천 개가 넘을 만큼 웅장합니다. 내부는 대리석과 고급 목재로 장식하고, 천장과 벽에는 금을 입혔어요.

이렇게 화려한 궁전이 지금은 왜 미술관으로 사용되고 있을까요? 그것은 예카테리나 2세의 영향이 컸어요. 옛 독일인 프로이센에서 귀족의 딸

로 태어난 예카테리나 2세는 러시아 황제 표트르 3세와 결혼했어요. 프로이센 왕 프리드리히 2세에게 받을 돈이 있었던 예카테리나 2세는 빚 대신 200여 점의 그림을 받았어요. 그녀는 이 그림으로 궁전을 꾸미기 시작했어요. 그러다가 미술품들을 사들이기 시작했고, 그렇게 해서 궁전은 차츰 미술관으로 변해 갔어요.

    예르미타시 미술관은 프랑스의 루브르 박물관, 영국의 대영 박물관과 더불어 세계 3대 박물관*으로 꼽히기도 해요. 소장하고 있는 작품만 270만 점이 넘으니까요. 작품 하나를 보는 데 1분이 든다고 하면, 하루 종일 보고도 5년이 걸려야 모든 작품을 감상할 수 있다고 하니 그 규모가 어마어마하지요. 이들 귀중한 소장품과 함께 예르미타시 미술관은 러시아 문화 예술의 상징으로서 그 명성이 매우 높답니다.

---

*세계 3대 박물관 : 루브르 박물관, 대영 박물관과 함께 예르미타시 미술관을 넣기도 하고, 바티칸 박물관을 넣기도 해요.

상트페테르부르크와 레닌그라드

TIP!

'상트페테르부르크'는 도시를 세운 표트르 대제의 이름에서 따온 말이에요. 우리말로 옮기면 '성 베드로의 도시'라는 뜻이지요. 베드로의 러시아식 이름이 바로 '표트르'예요. 다시 말하면 '성 표트르의 도시'라는 의미죠. 러시아 제국 시대에는 황실이 독일과 인연이 깊었기 때문에 이렇게 독일식 이름을 짓곤 했어요.

상트페테르부르크는 1914년에 이름이 바뀝니다. 그때는 러시아가 독일과 전쟁 중이었어요. 그것이 제1차 세계대전이죠. 러시아 황제 니콜라이 2세는 '페테르부르크'라는 독일식 이름을 고치기 위해 도시라는 의미의 '부르크'를 고대 러시아어인 '그라드'로 바꾸었어요. 그래서 상트페테르부르크는 1914년부터 '페트로그라드'로 불렸어요.

페트로그라드라는 이름도 그리 오래가지는 못했어요. 1917년 볼셰비키 혁명으로 러시아 제국이 막을 내리자 7년 후인 1924년 러시아 시민들은 러시아 혁명의 아버지인 레닌의 이름을 따서 '레닌그라드'로 바꾸었어요.

러시아 공산주의가 무너지기 전까지 레닌그라드라는 이름은 계속 사람들 입에 오르내렸어요. 그러다가 1991년 러시아 공산주의가 무너지자 도시 이름을 바꾸자는 의견이 많아졌고, 시민들은 투표를 통해 옛 이름인 상트페테르부르크를 되찾았어요.

11 체코 프라하
프라하성

프라하, 프라하성

- **수도** : 프라하
- **언어** : 체코어
- **화폐** : 유로(EUR, €)
- **면적** : 788만 7,104ha
- **인구** : 1,050만 3,734명(2024년)
- **종교** : 무교, 가톨릭, 개신교

> 동유럽의 보석

체코 프라하

체코는 유럽 중부에 있는 나라예요. 제1차 세계대전 이후 슬로바키아와 함께 연합 국가를 형성하여 체코슬로바키아라는 국명을 가졌지만 1993년 체코 공화국으로 독립했어요. 체코슬로바키아는 1948년부터 1990년까지 공산주의 국가였어요. 하지만 1989년 동유럽에서 퍼져 나간 민주화 운동의 영향을 받은 이후 체코 독립과 함께 민주화를 이루어 냈어요.

체코의 수도인 프라하는 동유럽을 여행하는 사람이라면 꼭 가 보아야 하는 도시 중 하나일 거예요. 중세와 근대 유럽의 도시 양식을 아주 잘 보존하고 있기 때문이죠. 수많은 예술가들의 발자취를 들여다볼 수 있는 문화 예술의 도시이기도 하고요. 또 동유럽의 민주화를 이끈 '프라하의 봄'을 상징하는 곳이기도 해요.

프라하의 랜드마크, 프라하성

프라하는 랜드마크를 여럿 갖고 있어서 부러움을 사는 도시예요. 그래도 대표적인 랜드마크를 꼽으라면 프라하성일 거예요. 프라하성은 블타바 강 서쪽 언덕에 자리 잡은 거대한 성이에요. 길이가 무려 570미터, 너비는 128미터로 세계에서 가장 큰 고성 중 하나예요. 규모와 자태가 웅장해서 프라하뿐 아니라 체코를 대표하는 건축물이라 할 수 있어요.

 프라하성은 9세기 말경 지어지기 시작해서 14세기에 지금과 비슷한 모습을 갖추었어요. 그 후에도 계속 건물들이 새로 지어져서 18세기 말경에는 지금과 같은 모습으로 자리 잡았어요. 1918년부터는 내부 장식과 정원을 새롭게 꾸며 대통령 관저로 이용하고 있어요.

 놀라운 점은 900년이라는 기간 동안 다양한 양식으로 지어졌다는 거예요. 거의 모든 건축 양식을 갖추고 있다는 것도 그렇고요. 처음에는 로마네스크 양식 건물을 지었고, 14세기 카를 4세 때는 고딕 건물을 지었어요. 이후 16세기 합스부르크 왕가가 지배하던 시절에는 르네상

© Tilman2007, CC BY-SA

스 양식 건물을 지었고, 18세기에는 바로크 양식 건물을 지어 전체적인 형태를 갖추었답니다.

프라하성 안에는 성 비투스 대성당을 비롯하여 세 개 성당과 수도원, 정원, 궁전 등 많은 건물이 있어요. 모두 정교한 조각과 화려한 장식으로 꾸며져 세계 최고의 명소가 되었지요. 프라하를 대표하는 귀중한 유적으로 높은 평가를 받고 있어요.

성 비투스 대성당은 프라하에서 가장 큰 성당이에요. 길이 124미터, 너비 60미터, 높이 33미터, 첨탑 높이 96.5미터로 굉장히 웅장하답니다. 처음 짓기 시작해서 천 년이 지나 완성되었으니 이런 걸작이 나올 만하겠죠. 성 비투스 대성당은 925년경에 처음 교회로 지어졌어요. 로마 제국이 기독교를 박해한 303년에 순교*한 비투스 신부의 팔뼈 조각을 보존하기 위해서였죠. 이후 한 차례 증축되었다가 현재의 고딕 양식 건물로 지은 것은 카를 4세 때예요.

*순교: 자신이 믿는 신앙을 지키기 위하여 목숨을 바치는 일.

성인 비투스 신부

성 비투스 대성당은 처음에 마티아스라는 건축가가 설계했어요. 그가 죽자 카를교를 설계했던 독일의 궁전 건축가 페터 파를러가 맡아서 지었고, 이후에는 그의 아들과 다른 건축가들이 공사를 이어 갔어요. 16세기에는 르네상스 양식의 첨탑이 완성되었고, 17세기에는 바로크 양식의 지붕이 완성되었으며, 18세기에는 지금과 같은 고딕 건물이 완성된 형태를 갖추었어요. 이때까지도 성당은 아직 완성되지 않았지요. 그래서 1844년 '성 비투스 성당의 완공을 위한 조합'을 만들어 공사를 이어 나갔고, 1929년에 비로소 완공되었답니다. 비투스 신부의 팔뼈를 보관하기 위해 처음 교회를 짓기 시작한 925년부터 헤아린다면 천 년 만에 완성된 것이고, 또 성당을 본격적으로 짓기 시작한 14세기로 헤아린다면 600년 만에 완성된 거예요.

성당 안에 들어가면 절로 감탄이 나와요. 정면 위쪽을 장식하고 있는 지름 10.5미터 크기의 '장미의 창'과 체코의 국민 화가 알폰스 무하가 장식한 스테인드글라스가 눈부시게 아름다워요. 화려하게 장식된 여러 개의 예배당을 포함해 역대 왕과 성 요한 네포무크 등 신부들의 석관묘는 성스러운 마음을 자아냅니다.

TIP!

프라하의 또 다른 랜드마크
카를교

프라하에는 또 다른 상징적인 건축물이 있어요. 바로 블타바강을 가로지르는 카를교예요. 체코에서 가장 오래된 다리이고, 중세 건축의 걸작으로 꼽히기도 해요.

카를교는 카를 4세 시절에 건축가 페터 파를러가 설계했어요. 다리 양옆으로는 성인 조각상 서른 개가 서 있어요. 가장 유명한 조각상은 성 요한 네포무크예요.

성 요한 네포무크는 바츨라프 4세(카를 4세의 아들)의 왕비였던 조피에게 고해성사를 받았어요. 당시 남편의 사랑을 받지 못했던 조피에는 왕이 전쟁터에 나간 사이 한 장군과 사랑에 빠졌어요. 왕비는 곧 네포무크 신부에게 죄를 고하고 용서를 구했어요. 그런데 왕이 돌아오자 시녀가 왕비의 비밀을 누설하고 말았어요. 화가 난 왕은 네포무크를 찾아가 왕비의 허물을 이야기하라고 명했어요. 하지만 신부는 끝까지 말하지 않고 비밀을 지켰어요. 왕은 결국 네포무크를 끔찍하게 고문한 후 카를교 아래에 던져 버렸어요. 네포무크는 다음과 같은 유언을 남겼다고 해요. "내 마지막 소원을 다리에게 바치노니, 이 다리에 선 자는 모두 소원을 이룰 것이다."

네포무크 동상 앞에서 사람들은 소원을 빌기 시작했고, 그러면 실제로 이루어졌다고 해요. 지금도 많은 사람들이 카를교를 찾아와 소원을 빌고 간답니다.

© Aw58, CC BY-SA

12 헝가리 부다페스트
부다 왕궁

부다페스트, 부다 왕궁

- **수도** : 부다페스트
- **언어** : 헝가리어
- **화폐** : 헝가리 포린트(HUF, Ft)
- **면적** : 930만 3천ha
- **인구** : 999만 4,993명(2024년)
- **종교** : 가톨릭, 개신교, 그리스정교

유럽의 동양

헝가리 부다페스트

유럽 중동부에 있는 헝가리는 11세기 초에 왕국을 세웠어요. 하지만 13세기부터 몽골, 오스만 제국, 오스트리아의 침략과 지배를 받았지요. 1918년에 독립을 이루었지만 제2차 세계대전 후 소련의 간섭을 받아 공산주의 국가가 되기도 했고요. 1989년에는 공산당이 무너지고 민주화를 이루면서 헝가리 공화국이 탄생했어요.

부다페스트는 다뉴브강이 흐르는 도시예요. 부다페스트라는 이름도 다뉴브강을 사이에 두고 높은 언덕 쪽의 부다 지역과 평지로 되어 있는 페스트 지역이 합쳐져 생긴 것이랍니다. 그래서 '다뉴브강이 만든 도시', '다뉴브강의 진주', '다뉴브강의 장미'라고 불리기도 해요. 부다페스트는 도시 경관이

매우 아름답기로 유명해요. 더욱이 해 진 뒤에 보는 야경은 세계 최고라는 극찬을 받아요.

부다페스트의 랜드마크, 부다 왕궁

부다페스트의 두 지역 부다와 페스트 지역은 여러모로 달라요. 부다 지역은 역사적 유물이 풍부하고, 페스트 지역은 상업 활동이 활발해요.

부다 지역에서 단연 돋보이는 명소를 꼽으라면 부다 왕궁일 거예요.

부다 왕궁은 13세기경 벨러 4세 시절에 짓기 시작했어요. 몽고군이 헝가리 왕국을 침략한 후 물러가자 다뉴브강 서쪽 언덕이 적을 방어하기에 좋은 장소라고 하여 요새로 이용할 수 있는 성을 지었어요. 14세기에는 고딕 양식으로 성을 지었고, 15세기 헝가리 전성기를 이끌었던 마차시 1세 때에는 르네상스 양식으로 성을 새롭게 지었어요.

부다 왕궁은 16세기 오스만 제국의 침입으로 왕궁 일부가 파괴되었는데, 17세기 오스트리아 합스부르크 왕가의 지배를 받은 시기에는 바로크 양식의 궁전으로 새로 태어났어요. 또 18세기에는 마리아 테레지아 여왕이

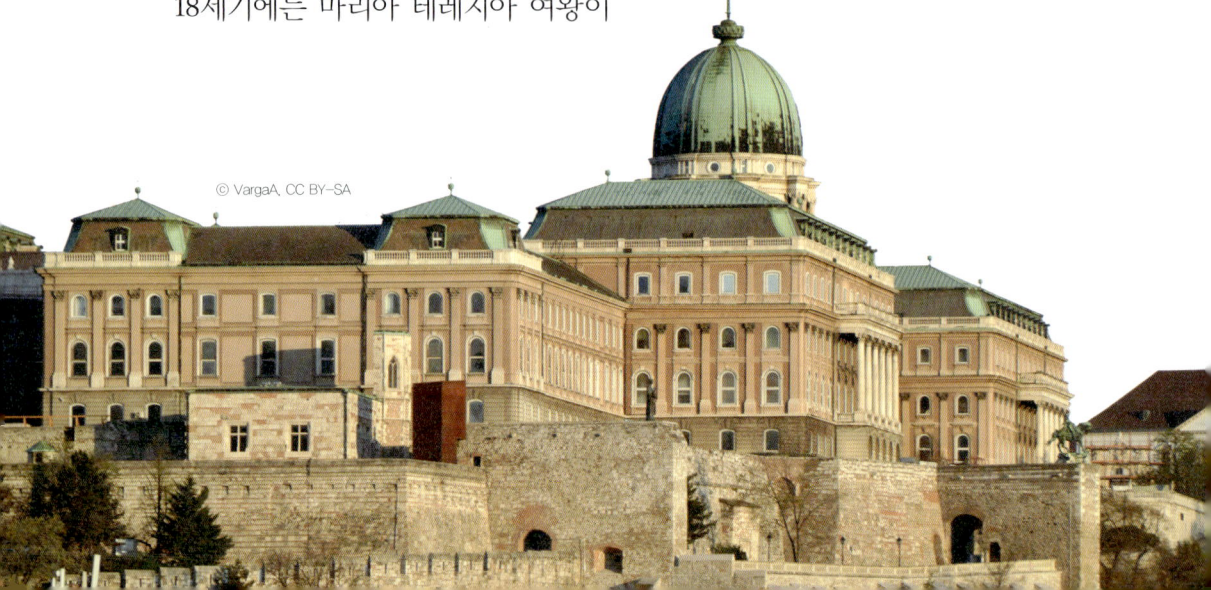
© VargaA, CC BY-SA

다시 건축하여 200여 개의 방을 갖춘 거대한 왕궁으로 바뀌었어요. 그런데 안타깝게도 19세기 후반에 불이 나서 왕궁 대부분이 타 버렸어요. 이후 복원 공사를 새롭게 하여 20세기 초에 다시 왕궁을 완성했어요. 하지만 또 두 번의 세계대전과 헝가리 혁명이 일어나 또다시 파괴되고 말았지요. 현재의 건물은 1980년대에 새롭게 단장한 모습이에요. 아직도 북쪽 벽에는 제2차 세계대전 당시의 총알 자국이 뚜렷이 남아 있어요.

부다 왕궁의 마차시 1세 동상

　부다 왕궁은 지금 국립 미술관, 역사 박물관, 도서관으로 이용되고 있어요. 역사 박물관에는 제2차 세계대전 때 파괴된 왕궁 일부를 복원하면서 발견된 많은 유물이 보관되어 있어요. 국립 미술관에는 11세기부터 현재까지의 미술품들이 전시되어 있고요. 도서관에는 중세 시대의 자료를 포함해 2만여 권의 장서가 보관되어 있어요.

　부다 왕궁은 건물 그 자체로도 웅장하고 아름답지만, 해가 진 후 페스트 지역이나 세체니 다리에서 바라보는 야경은 그야말로 환상적이어서 많은 관광객들의 눈을 사로잡고 있어요.

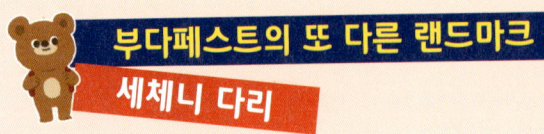

부다페스트의 또 다른 랜드마크
세체니 다리

부다페스트는 랜드마크가 많기로 유명한 도시예요. 부다 왕궁과 함께 국회의사당, 어부의 요새 등 많은 명소가 있지요. 다뉴브강을 가로지르는 세체니 다리도 부다페스트를 상징하기에 충분하답니다. 부다와 페스트 지역으로 갈라진 도시를 서로 연결해 주고 있으니까요. 다뉴브강 위에 처음 건설된 다리이기도 해요.

세체니라는 이름은 헝가리의 국민 영웅으로 추앙받는 정치가 이슈트반 세체니에서 따왔어요. 백작이었던 그는 세체니 다리 건설을 앞장서 이끌기도 했답니다. 다리를 건설해야 할 이유가 있었어요. 잠시 집을 비운 사이에 아버지 사망 소식을 듣게 되

© a.canvas.of.light, CC BY

TIP!

었고, 빨리 가려면 다뉴브강을 건너야 하는데 날씨가 좋지 않아 배가 일주일이나 운항하지 못했어요. 아버지를 잃고 안타까운 마음을 가졌던 백작은 다리를 놓아야겠다고 결심했지요. 다리 건설을 추진하자 많은 이들이 참여해 주었어요. 영국의 유명한 건축가 윌리엄 클라크와 애덤 클라크가 1842년 설계와 건축을 맡아 7년 만에  완공했어요. 하지만 안타깝게도 제2차 세계대전 때 독일의 공격을 받아 파괴되었지요. 하지만 곧 복구 공사를 하여 1949년에 다시 개통하게 되었어요.

세체니 다리는 건설 당시 세계에서 가장 놀라운 다리, 가장 아름다운 다리로 손꼽혔어요. 지금은 야경이 아름다운 다리로 알려져서 많은 사람들이 찾아옵니다. 밤이 되면 다리에 설치된 수천 개의 전등에서 뿜어져 나오는 불빛이 환상적인 장면을 연출해요.

13 폴란드 바르샤바
문화과학궁전

바르샤바, 문화과학궁전

- **수도** : 바르샤바
- **언어** : 폴란드어
- **화폐** : 폴란드 즈워티(PLN, zł)
- **면적** : 3,127만 1천ha
- **인구** : 4,022만 1,726명(2024년)
- **종교** : 가톨릭, 정교회, 개신교

© Pudelek, CC BY-SA

도시에 숨어 있는 슬픈 역사

폴란드 바르샤바

폴란드는 유럽 중부 발트해 연안에 자리 잡고 있어요. 18세기 말부터 오스트리아, 러시아, 프로이센의 지배를 받았지만 제1차 세계대전 후에 독립했어요. 제2차 세계대전 후에는 공산주의 국가가 되었다가 1980년대에 민주화 운동을 펼쳐 민주 정권을 세웠지요.

바르샤바는 유럽 평원의 중심에 자리하고 있어요. 폴란드의 수도이자 최대 도시로서 정치·경제·문화의 중심지 역할을 하고 있어요. 발트해와 남유럽 사이에 있는 중요한 교통의 요충지로 기계, 자동차, 철강, 광학 등의 공업이 발달해 있어요.

바르샤바는 20세기 전에는 제2의 파리라고 불릴 만큼 아름다운 도시였는

폴란드의 영웅,
유제프 안토니 포니아토프스키 왕자 동상

© Pannini, CC BY

데 전쟁으로 모든 것이 파괴되어 버리고 말았지요. 하지만 국가가 나서서 다시 건설하고 정비한 끝에 전통과 현대가 조화롭게 공존하는 멋진 도시로 태어났답니다. 우리나라 서울특별시와는 자매 도시로 연결되어 있어요.

바르샤바의 랜드마크, 문화과학궁전

문화과학궁전은 폴란드에서 가장 높은 건물이에요. 바르샤바 중앙역 동쪽에 있어요. 폴란드가 소련의 지배를 받던 시기에 스탈린이 우호 관계를 다지기 위해 지었지요. 역설적이게도 바르샤바의 랜드마크이긴 하지만 폴란드 국민들이 가장 싫어하는 건축물이라고 해요. 바르샤바 시민들이 가장 좋아하는 장소가 문화과학궁전 안이라고 하는데, 그 이유는 이 건물이 유일하게 보이지 않는 곳이기 때문이랍니다.

본래 이름은 스탈린의 이름을 딴 '이오시프 스탈린 문화과학궁전'이었어요. 스탈린이 죽고 난 뒤 스탈린 격하 운동이 일어나면서 스탈린이란 이름은 사라지고 지금의 이름이 되었지요.

　설계는 소련의 건축가 레프 루드네프가 맡아 1955년에 완공했어요. 처음부터 모스크바 국립 대학교를 모델로 삼아 궁전을 설계했어요. 폴란드가 문화 과학 센터를 지어 달라고 요청했지만 설계를 변경하지 않고 그대로 진행하여 지금의 모습을 갖추었어요.

지동설을 밝힌 폴란드 과학자 코페르니쿠스

　높이는 237미터, 총 44층으로 첨탑 높이 49미터를 빼면 순수하게 건물의 높이는 188미터예요. 궁전 안에는 무려 3,288개의 방이 있고, 3천 명이 들어갈 수 있는 대형 극장과 박물관, 전시장, 서점, 회의장, 콘서트 홀 등이 있어요. 여러 기업들이 사무실로 쓰고 있고요. 30층에 있는 전망대에 올라가면 멋진 바르샤바 시내를 한눈에 볼 수도 있어요.

　바르샤바에는 과학 현상을 체험하고 즐길 수 있는 코페르니쿠스 과학관이 있어 전 세계 어린이들의 발길이 끊이지 않는답니다.

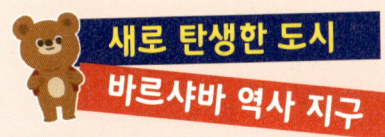
새로 탄생한 도시
바르샤바 역사 지구

바르샤바는 16세기 말 폴란드 왕국의 수도가 된 이후 제2차 세계대전 때까지 많은 수난을 당했어요. 18세기 말에는 오스트리아, 러시아, 프로이센이 나누어 지배하면서 나라가 없어진 적도 있었어요. 19세기 초부터 약 100년간 러시아의 지배를 받기도 했지요. 제1차 세계대전 때는 독일의 지배를 받았어요. 제2차 세계대전 때는 독일에 침공을 당해 엄청난 피해를 입었고요.

제2차 세계대전이 끝나갈 무렵인 1944년, 바르샤바 시민들은 독일군에 맞서 무장 독립 운동을 벌였어요. 그러자 독일은 바르샤바를 파괴하는 만행을 저질렀어요. 독일군의 폭격으로 바르샤바는 도시의 85퍼센트가 쑥대밭이 되고, 시민들도 반 이상이 목숨을 잃었어요.

제2차 세계대전 후 복원된 바르샤바 구시가지

TIP!

독일군이 파괴한 건물과 복원한 건물

전쟁이 끝난 후 폴란드는 바르샤바를 버리고 수도를 옮길 계획도 세웠지만 결국 과거 모습 그대로 복원하기로 했어요. 바르샤바를 재건하는 데는 이탈리아 화가 베르나르도 벨로토의 그림이 많은 도움이 되었다고 해요. 벨로토가 18세기 폴란드 왕국의 궁정 화가로 활동하면서 바르샤바를 배경으로 풍경화를 많이 남겼기 때문이에요.

바르샤바 시민들은 벨로토의 그림과 과거 건물의 도면을 참조하여 1945년부터 도시를 복원하기 시작했어요. 5년 동안 노력한 끝에 바르샤바는 중세 시대의 모습을 간직한 도시로 다시 태어났어요.

바르샤바의 도시 복원 사업은 유럽의 많은 국가들에게 좋은 모범이 되었어요. 유네스코도 매우 뛰어난 복원 사례로 바르샤바 역사 지구를 선정하여 세계문화유산에 등재했어요.

14 중국 베이징
자금성

- **수도** : 베이징
- **언어** : 중국어
- **화폐** : 위안(CNY, ￥)
- **면적** : 9억 6천만 1,300ha
- **인구** : 14억 2,517만 8,782명(2024년)
- **종교** : 불교, 도교, 이슬람교, 가톨릭, 개신교

동양 문명의 뿌리

중국 베이징

동아시아에 속한 중국은 세계에서 인도 다음으로 인구가 많은 다민족 국가입니다. 인구의 90퍼센트 이상이 한족이고, 나머지 10퍼센트는 55개 소수 민족으로 구성되어 있어요. 국민당과 공산당이 오랫동안 내전을 벌이고 난 후 1949년 공산당이 권력을 잡고 중화인민공화국을 세웠어요. 1980년대에는 국가 주석 덩샤오핑이 개혁 개방 정책을 펼쳐 경제가 빠르게 성장했어요.

중국의 수도 베이징은 정치·경제의 중심지예요. '역사적인 고도'라고도 불리지요. 춘추 전국 시대에 연나라가 베이징을 수도로 정한 이후 3천 년 동안 수도였기 때문이에요. 이런 까닭에 많은 고대 건축물들이 자리 잡고 있어요. 베이징은 인구가 많아 여러

천안문

가지 도시 문제가 발생했는데, 지금은 도시 환경 개선 사업을 통해 문제점을 풀어 가고 있어요. 베이징은 2008년에는 아시아에서 세 번째로 하계 올림픽을 열었고, 2022년에는 동계 올림픽을 열었어요.

베이징의 랜드마크, 자금성

베이징은 역사가 오래된 만큼 세계적인 문화재가 많은 도시예요. 그중에서도 으뜸가는 문화재가 있다면 단연 자금성이라고 할 수 있어요.

자금성은 세계에서 가장 큰 궁궐이에요. 면적은 72만 제곱미터, 길이는 동서로 760미터이고 남북으로는 960미터예요. 담장의 길이는 4킬로미터, 높이는 10미터예요. 성 안에 800여 채의 건물과 8,886개의 방이 있어요.

자금성은 적의 침입을 막는 못인 해자로 둘러싸여 있어요. 그 너비가 무려 50미터, 깊이는 6미터에 달해요.

'자금성(紫禁城)'이라는 한자의 뜻은 '자색(붉은 흑색)의 금지된 성'이에요. 중국 명나라와 청나라 시대에는 황제를 '천자(天子)'라고 불렀어요. '하늘의 아들'이라는 뜻이지요. 천자가 사는 천궁(天宮)을 자궁(紫宮)이라고 불렀고요. 자금성은 여기에서 나온 말이에요. 따라서 '자(紫)'는 천자, 곧 황제를 의미하므로 자금성은 황제가 머무는 장소를 말해요.

명나라와 청나라 황제 들은 자금성에서 500년간 살았어요. 자금성을 지은 황제는 명나라의 영락제예요. 그는 1403년에 수도를 난징에서 베이징으로 옮기고 자신이 머무를 궁궐을 새로 짓기 시작했어요. 1406년에 공사를 시작하여 1420년에 완공되었는데, 약 100만 명이 궁궐을 짓는 데 동원되었어요.

건축 자재들은 전국에서 가져왔어요. 기둥에 쓰인 나무는 운반하는 데 수년이 걸리기도 했어요. 전각 받침대로 쓰인 돌은 그 무게가 수백 톤에

태화전

달하는데, 겨울철에는 길에 물을 뿌려 빙판을 만든 뒤에 돌을 미끄러뜨리며 옮겼다고 전해져요.

자금성에는 황제가 나랏일을 보는 장소인 '외조'와 생활 공간인 '내정'이 있어요. 정문을 '오문'이라고 불렀고요. 오문에서 외조 구역이 시작되고, 외조 구역이 끝나면 내정 구역이 시작돼요. 오문은 궁궐 문으로는 세계에서 가장 크답니다.

자금성의 황금 사자상

오문에는 세 개의 문이 있는데, 가운데 문은 황제만이 사용할 수 있었어요. 지금도 가운데 문은 일반인 출입이 금지되어 있어요.

외조 구역에서 대표적인 건물은 태화전이에요. 자금성에서 가장 상징적인 건물로 황제의 즉위식이나 외국 사신과의 만남 등 중요한 행사가 치러졌어요. 중국에서 제일 오래된 목조 건물이고, 35미터 높이에 12개의 기둥이 떠받치고 있는 2층 건물이에요. 지붕과 내부는 온통 황금색으로

칠해져 화려한 자태를 뽐내고 있어요.

　자금성은 적의 침입으로부터 황제를 보호하기 위해 특별히 만들어졌어요. 바닥은 사람이 걸을 때 발자국 소리가 들리도록 특별히 고안된 벽돌이 깔려 있어요. 또 땅 밑을 뚫고 올라오는 적을 막기 위하여 여러 장의 벽돌을 겹쳐 쌓았다고 해요. 침입자가 담을 넘는 것을 방지하고, 적을 쉽게 감시하기 위하여 황제가 주로 생활하는 건물 주변에는 나무가 하나도 없어요.

　자금성은 중국에서 '고궁'으로 불리기도 해요. 1925년부터는 '고궁 박물원'이라는 정식 이름으로 일반인에게 공개되고 있지요. 그래도 사람들은 여전히 '자금성'이라고 부른답니다. 자금성은 1987년 유네스코 세계문화유산으로 지정되었어요.

자금성의 전체 풍경

베이징의 또 다른 랜드마크
만리장성

© Ahazan

베이징을 이야기할 때 반드시 살펴보아야 할 곳이 있어요. 바로 만리장성이에요. 만리장성은 중국을 대표하는 중요한 상징물이지요. 베이징을 지나는 만리장성이 가장 튼튼하게 지어졌고, 규모 면에서도 단연 으뜸이기 때문에 베이징을 이야기할 때면 만리장성이 꼭 등장해요.

만리장성은 글자 그대로 길이가 만 리나 되는 긴 성벽이에요. 만 리를 환산하면 4천 킬로미터예요. 현재 남아 있는 만리장성은 동쪽 끝인 허베이성의 산하이관에서 서쪽 끝인 간쑤성의 자위관까지 약 2,700킬로미터 성벽이에요. 하지만 직선으로 뻗은 성벽에서 중간 중간에 삐져 나간 성벽까지 합치면 전체 길이는 5, 6천 킬로미터가 된다고 해요. 따라서 만 리가 훨씬 넘지요. 한때 만리장성이 워낙 거대하여 달에서도 보인다는 이야기가 돌았는데, 2004년 중국 과학원은 우주 공간에서는 만리장성이 보이지 않는다고 밝혔어요.

만리장성은 중국의 역대 황제들이 북방 이민족들의 침략을 막기 위해 방어용으로 만든 성벽이에요. 처음 만리장성을 쌓은 황제가 진시황제라고 알려져 있지만 실제

TIP!

로는 그 이전부터 쌓기 시작했다고 해요. 현재와 같은 모습으로 완성한 것은 명나라 때예요. 명나라는 몽고의 침입을 막기 위해 보수 공사를 하여 2,700킬로미터에 달하는 성벽을 완성했어요.

만리장성의 모든 구간이 똑같은 구조로 지어지지는 않았어요. 주요 도시나 군사 시설이 있는 지역은 더 튼튼하고 크게 지었어요. 베이징의 성벽도 그런 이유로 더 튼튼하게 지어졌지요. 보통 성벽의 높이는 6~9미터, 폭은 4~9미터 정도이고, 100미터 간격으로 망루를 설치하여 병사들이 경계를 서도록 했어요.

황제가 사는 베이징에서는 성벽을 더 견고하게 쌓고, 적이 침입했을 때 신속하게 방어할 수 있도록 만들어졌어요. 성벽 위의 길도 군사들이나 마차가 빠르게 이동할 수 있도록 더 넓게 만들었고요.

만리장성은 북방 민족의 침입을 막기 위한 것이었기에 청나라 때는 쓸모가 없어서 방치되었어요. 청나라야말로 북방 민족이 세운 나라였기 때문이죠.

현대에 와서 만리장성은 세계적으로 관심과 인기를 끌고 있어요. 중국을 상징하는 대표 건축물이기에 전 세계에서 많은 여행자를 끌어모으고 있지요. 1987년에는 유네스코 세계문화유산으로 지정되었답니다.

15 대한민국 서울
경복궁

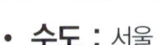

- **수도 :** 서울
- **언어 :** 한국어
- **화폐 :** 대한민국 원(KRW, ₩)
- **면적 :** 1,004만 3,184.94ha
- **인구 :** 5,150만 29명(2024년)
- **종교 :** 불교, 유교, 기독교, 신흥 종교(천도교, 대종교, 원불교)

한류의 세계화를 이룬 도시

대한민국 서울

아시아 대륙 동쪽 끝에 있는 대한민국은 기원전 2333년에 국가가 처음 세워졌어요. 그것이 고조선이에요. 이후 삼국 시대에서 고려 시대, 조선 시대로 이어지는 오랜 왕정 국가였어요. 일본으로부터 35년간 식민지 지배를 받은 후 1945년 나라를 되찾고 공화정 국가를 세웠어요. 하지만 광복 이후 얼마 지나지 않아 남과 북으로 갈라져서 분단 국가가 되었어요. 고유 문자인 '한글'을 사용하며, 동방예의지국이라 불리고 있고요. 세계 최고 수준의 정보 통신 기술도 갖추고 있어요.

까치 까치 설날은 어저께고요~

경회루
ⓒ Bridget Coila, CC BY-SA

　서울은 대한민국의 수도이자, 천만 명 가까운 시민들이 살고 있는 거대 도시예요. 역사적으로도 백제와 조선의 도읍지가 된 이후 현재까지 오랜 세월 동안 수도 자리를 지켜 온 역사 도시이기도 해요. 1988년에는 아시아에서 두 번째로 하계 올림픽을 열었고, 2002년에는 월드컵을, 2010년에는 G20 정상 회의를 열어 세계가 주목하는 도시가 되었어요.

서울의 랜드마크, 경복궁

　옛날에 한양으로 불렸던 서울은 500년간 이어진 조선 왕조의 수도였어요. 조선 왕들은 서울의 경복궁에 머물렀지요. 베이징의 랜드마크가 자금성이듯이 서울의 랜드마크는 경복궁인 셈이에요.

　경복궁은 1395년 이성계가 도읍을 한양으로 옮기면서 창건했어요. 한양 천도를 이끌었던 정도전이 경복궁이라는 이름을 지었고요. '경복(景福)'

은 중국 역사서 『시경』에 나오는 용어로 '왕과 그 자손, 백성들이 태평성대의 큰 복을 누리기를 기원한다.'라는 뜻이 담겨 있어요.

경복궁은 동서 길이 500미터, 남북 길이 700미터이며, 43만 제곱미터의 크기예요. 전체 둘레에는 담을 쌓았어요. 정문인 광화문이 남쪽에 있고, 북쪽에는 신무문, 동쪽에는 건춘문, 서쪽에는 영추문을 두었어요. 유교 정신에 따라 화려한 장식 없이 수수하고 검소하게 지어졌어요. 국가 행사를 치르고 외국 사신을 맞이했던 근정전을 비롯하여 왕이 나랏일을

향원정

근정전

보던 사정전, 왕의 침소인 강녕전과 왕비의 침소인 교태전이 있어요. 처음에 전각은 390여 칸으로 궁궐로는 그다지 크지 않았어요. 태종, 세종을 거치면서 전각이 계속 지어졌고, 세종 때 모든 전각들이 완성되었어요.

태종 때 지어진 경회루는 나라에 경사가 있을 때 연회를 베풀던 장소예요. 지금은 우리나라에서 가장 큰 누각으로 남아 있지만 원래는 작은 누각이었어요. 중국 사신이 방문했을 때 연회 장소로 사용하기 위해 태종이 경회루 주변 연못을 넓히고 건물도 더 크게 지었다고 해요.

명종 8년에는 강녕전에 큰 불이 나서 많은 전각과 문서들이 타 버렸어요. 이때 불에 탄 전각은 이듬해에 모두 복구했지요. 하지만 1592년에 일어난 임진왜란으로 경복궁은 대부분 파괴되었어요. 창덕궁, 창경궁까지 모두 불에 타 버렸고요. 전쟁이 끝나자 선조는 머물 곳이 없어서 정릉동에 있던 월산대군의 옛 집을 임시로 사용하였다고 해요.

경복궁을 다시 지어야 한다는 이야기는 계속 나왔어요. 하지만 그러지

© Republic of Korea, CC BY-SA

경복궁 수문장 임명 의식

못했지요. 게다가 경복궁 터가 좋지 않다는 이야기가 나와서 경복궁 대신 창덕궁을 다시 건설하기로 했어요. 경복궁이 다시 지어진 것은 1867년이에요. 고종의 아버지인 흥선대원군은 왕실을 일으키기 위해 경복궁을 건설하기로 했어요. 1865년에 짓기 시작하여 2년 후에  완공했어요. 1868년 고종이 경복궁으로 왕궁을 옮겼고요.

경복궁이 또 한 번 아픔을 겪게 된 것은 일제 강점기예요. 일제는 1895년 명성왕후를 궁 안에서 시해*하고, 많은 전각과 누각을 헐어서 팔아 버리는 만행을 저질렀어요. 경복궁의 중심 건물이었던 근정전 정면 앞에는 총독부 청사를 지어 완전히 가려 버렸어요.

1945년 광복을 맞이하여 경복궁은 일반인들에게 공원으로 개방되었어요. 총독부 청사는 정부종합청사로 사용되다가 1995년 광복 50주년을 맞아 철거했어요. 1991년에는 경복궁 복원 공사가 시작되어 2030년 완공을 목표로 진행되고 있어요. 2010년 제1차 복원 사업이 완료되었고, 현재는 제2차 복원 사업이 진행되고 있어요.

*시해: 왕실 인물이나 부모를 죽이는 일.

서울의 또 다른 랜드마크
남산 서울 타워

ⓒ Republic of Korea, CC BY-SA

역사 도시 서울의 랜드마크를 경복궁이라고 한다면, 현대 도시 서울의 랜드마크는 남산 서울 타워라고 할 수 있어요. 남산 서울 타워는 남산 타워, 서울 타워, N서울 타워, YTN 서울 타워 등 여러 이름으로 불려요. 정식 명칭은 남산 서울 타워랍니다.

남산 서울 타워는 방송국의 송신탑으로 사용하기 위해 1975년에 세워졌어요. 동양방송, 동아방송, 문화방송 등 3개 민영 방송사가 공동으로 건설한 전파 시설이지요. 처음에는 보안상의 이유로 일반인에게 공개하지 않다가 1980년부터 문을 열었어요. 탑의 높이는 236.7미터로 그다지 높지 않지만 남산의 해발 고도까지 합하면 479.7미터나 돼요. 여기서 전파되는 신호가 서울, 부천, 광명, 고양, 구리까지 이른다고 해요.

1999년 남산 서울 타워의 소유권이 YTN으로 넘어가면서 모든 시설이 정비되어 현대적인 분위기로 바뀌었어요. 이름도 N서울 타워로 바꾸었고요. 'N'은 'New Namsan'을 줄인 글자예요. 2015년에는 아래층에 '서울 타워 플라자'라는 복합

TIP!

문화 공간도 열고, 2016년에는 정식 이름을 다시 남산 서울 타워로 바꾸었어요.
남산 서울 타워는 엘리베이터를 타고 전망대에 오를 수 있어요. 전망대에 오르면 서울 전역은 물론이고 날씨가 맑은 날에는 동서남북으로 용문산, 인천 앞바다, 남한산성, 북한 개성의 송악산까지 볼 수 있다고 해요. 그리고 서울 어디서든 고지대라면 우뚝 솟은 탑의 모습을 볼 수 있어요. 경기도 일부 지역에서도 볼 수 있고요.
남산 서울 타워는 해마다 1,200만 명이 방문하는 인기 높은 관광 명소예요. 서울의 자연과 문화 경관을 바라보며 즐길 수 있는 휴식 공간이자 복합 문화 공간이지요. 식당과 커피숍, 기념품 가게 등 편의 시설도 고루 갖추어져 있어서 방문객들이 편리하게 이용할 수 있어요.
서울시는 2018년 남산 서울 타워를 '서울 미래유산'으로 지정했어요.

3부

세계의 성당

16 튀르키예 이스탄불
성 소피아 성당

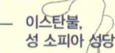
이스탄불,
성 소피아 성당

- **수도** : 앙카라
- **언어** : 튀르키예어
- **화폐** : 튀르키예 리라(YTL)
- **면적** : 7,853만 5천ha
- **인구** : 8,626만 6,417명(2024년)
- **종교** : 이슬람교, 기독교, 유대교

> 동서양이 만나는 도시

튀르키예 이스탄불

튀르키예는 세계를 지배했던 오스만 제국의 영광이 깃든 나라예요. 유럽과 아시아 사이에 있어 예부터 동방과 서방을 연결해 주었지요. 오스만 제국은 16세기에는 아시아, 아프리카, 유럽에 이르는 넓은 땅을 차지했어요. 하지만 제1차 세계대전에 패하면서 힘이 약해졌어요. 이때 군인인 케말 파샤가 튀르키예 독립 전쟁을 이끌어 1923년 튀르키예 공화국을 세웠어요.

이스탄불은 유럽과 아시아 대륙에 걸쳐 있어서 동양과 서양의 문물이 만나는 도시예요. 395년에 세워진 동로마 제국과 1299년에 세워진 오스만 제국의 수도가 되어 화려한 명성을 누렸어요. 이스탄불은 로마 제국의 지배를 받을 때는 비잔티움으로 불

성 소피아 성당과 마주 보고 있는 블루 모스크

렸고, 동로마 제국 시대에는 콘스탄티노폴리스, 오스만 제국 시절에는 콘스탄티니예라고 불렸어요. 1923년에는 튀르키예의 수도가 앙카라로 바뀌었지만 이스탄불은 여전히 튀르키예의 최대 도시이며, 동서고금의 문화가 살아 숨 쉬는 역사적인 땅이에요.

이스탄불의 랜드마크, 성 소피아 성당

이스탄불은 약 1,600년 동안 동로마 제국과 오스만 제국의 수도였기 때문에 도시 자체가 하나의 유적이라고 할 수 있어요. 한 역사학자는 이스탄불을 일컬어 '인류 문명의 살아 있는 박물관'이라고도 말했어요.

이스탄불에서 가장 눈에 띄는 건축물이자 랜드마크는 단연 성 소피아 성당이에요. 성 소피아 사원이라고도 불려요. 성당이 사원으로도 불리는 데에는 역사적인 이야기가 깃들어 있답니다. 또 '하기아 소피아', '아야 소

피아'라고도 불리는데, '성스러운 지혜'라는 뜻의 그리스어에서 나왔어요.

성 소피아 성당은 비잔틴 양식 건축물 가운데 최고봉이며, 건축의 역사를 바꾸어 놓았다는 찬사를 들어요. 그래서 이스탄불을 대표하기에 충분하며, 역사적 가치 또한 커서 더욱 중요해요.

성 소피아 성당을 처음 지은 인물은 동로마 제국의 콘스탄티누스 2세예요. 첫 번째 건물은 목조로 지어 안타깝게도 불에 타고 말았어요. 이후 415년에 테오도시우스 2세 황제가 새로 지었지만 532년에 반란이 일어나 또 불에 타서 없어졌어요. 현재의 성당은 유스티니아누스 1세 황제가 537년에 완공한 세 번째 건물이에요.

유스티니아누스 1세는 황제에 오르자 대성당을 다시 짓기로 하고 수학자 안테미오스와 물리학자 이시도로스에게 설계를 맡겼어요. 두 사람은

황실의 지원을 받아 532년에 공사를 시작하고, 5년 만에 완공했어요. 그토록 짧은 기간에 거대한 돔 건물을 지었다는 것은 매우 놀라운 일이고, 오늘날의 현대 기술로도 어렵다고 해요.

성당의 웅장함과 아름다움에 반한 유스티니아누스 1세는 축성식 때 "솔로몬 왕이여, 내가 그대를 이겼노라!"라고 외쳤어요. 고대 이스라엘 왕국의 신전을 능가하는 건물을 세웠다는 벅찬 기쁨을 표현한 것이지요. 이후 성 소피아 성당은 크고 작은 지진에도 무너지지 않고 동로마 제국과 기독교를 대표하는 성당으로 굳게 자리를 지켰어요.

1453년 오스만 제국의 술탄 메메트 2세는 지금의 이스탄불인 콘스탄티노플을 함락하고 성 소피아 성당을 이슬람 사원으로 바꾸어 버렸어요. 보통 다른 나라를 침략하면 그 나라의 종교나 건물을 파괴하는 것이 일반적이지만 메메트 2세는 성당 건물은 보존했지요. 눈부시게 아름답고 장엄한 성당을 차마 허물지 못한 거예요.

1923년 오스만 제국이 무너지기까지 성 소피아 성당은 약 500년 동안 이슬람 사원으로 사용되었어요. 안타까운 점은 성당 내부의 화려한 모자이크 벽화들이 두꺼운 석회로 칠해져 자취를 감춰 버린 것이에요. 술탄이

기독교 성상을 그냥 내버려 둘 수가 없었던 것이죠.

1923년 튀르키예 공화국이 들어서자 유럽의 많은 나라는 성 소피아 성당의 역사적 가치를 되찾자며 성당으로 바꿀 것을 요청했어요. 튀르키예 정부도 성 소피아 성당을 인류 공동의 유산이라고 보고 모든 종교 행위를 금하고 박물관으로 바꾸었지요. 튀르키예 국민 대부분이 이슬람교 신자지만 성 소피아 성당을 박물관으로 만들어 기독교와 이슬람교를 조화롭게 받아들이기로 한 거예요. 석회 벽에 가려진 모자이크 벽화들은 일부 복원하여 그 원형을 되찾게 되었어요.

복원된 벽화. 아기 예수를 안은 성모 마리아

안타깝게도 성 소피아 성당의 운명은 다시 한번 바뀌게 돼요. 2020년 튀르키예 정부가 성당을 모스크로 바꾸기로 한 것이죠. 교황과 기독교계, 전 세계가 반대 의견을 냈지만 튀르키예 정부는 끝내 성 소피아 성당을 이슬람 사원으로 바꾸었어요.

이스탄불의 또 다른 랜드마크
블루 모스크

성 소피아 성당과 함께 이스탄불을 대표하는 또 하나의 건축물이 있어요. 바로 블루 모스크라 불리는 이슬람 사원이에요. 블루 모스크와 성 소피아 성당은 많은 면에서 서로 비교가 돼요.

두 개의 종교 건축물은 두 제국과 두 종교를 대표해요. 성 소피아 성당은 동로마 제국을 대표하고, 블루 모스크는 오스만 제국을 대표해요. 성 소피아 성당은 기독교를 대표하고, 블루 모스크는 이슬람교를 대표해요. 두 건축물 모두 둥근 돔 형식으로 지어졌고, 세상에서 가장 아름다운 종교 건축물이라는 평가를 받고 있어요. 마치 서로 아름다움을 뽐내듯 가까운 거리에서 마주보고 있지요.

블루 모스크의 원래 이름은 '술탄 아흐메트 모스크'예요. 이 건물을 지으라고 명한 오스만 제국의 왕 아흐메트 1세의 이름을 따온 거지요. 블루 모스크라는 이름은 모스크 내부를 푸른빛 도자기 타일로 장식했다 하여 붙여졌어요.

1453년 오스만 제국은 이스탄불을 점령한 후 기독교 사원인 성 소피아 성당을 이슬람 사원으로 바꾸었죠. 여기서 술탄은 마음 한구석에 열등감을 지울 수가 없었어요. 뛰어난 건축물인 성 소피아 성당은 본래 이슬람 사원이 아니었으니까요. 그래서 성 소피아 성당보다 더 웅장하고 아름다운 이슬람 사원을 지어야겠다고 생각해요. 아흐메트 1세는 최고의 모스크를 짓기로 하죠.

블루 모스크는 1609년 공사를 시작해 7년 만에 지어졌어요. 성 소피아 성당처럼 둥근 돔 형식으로 지었고, 당시에는 드물게 여섯 개의 뾰족한 첨탑을 세웠어요. 내

TIP!

부는 온통 푸른빛을 띠는 도자기 타일로 장식했어요.

현재 블루 모스크는 아흐메트 1세의 염원대로 성 소피아 성당에 버금가는 뛰어난 이슬람 사원으로 평가받고 있어요. 튀르키예를 대표하며 그 가치를 인정받고 있지요. 사람들은 성 소피아 성당과 블루 모스크를 구별하기 어려워해요. 그도 그럴 것이 겉으로 보면 두 건축물이 비슷하게 보이니까요. 물론 자세히 살펴보면 분명한 차이가 있어요. 둘을 구분하는 가장 손쉬운 방법은 첨탑의 숫자예요. 성 소피아 성당은 첨탑이 네 개이고, 블루 모스크는 여섯 개예요. 사실, 성 소피아 성당에는 본래 첨탑이 없었어요. 이슬람 사원으로 바꾸면서 첨탑을 세운 거랍니다.

© Dersaadet, CC BY-SA

17 스페인 바르셀로나 성 가정 대성당

바르셀로나, 성 가정 대성당

- **수도 :** 마드리드
- **언어 :** 에스파냐어
- **화폐 :** 유로(EUR, €)
- **면적 :** 5,059만 6,459.4ha
- **인구 :** 4,747만 3,373명(2024년)
- **종교 :** 가톨릭, 무교

© Canaan, CC BY-SA

찬란한 가우디의 도시

스페인 바르셀로나

유럽 서남부에 있는 스페인은 무적함대라는 별명을 갖고 있어요. 16세기에 바다를 지배한 스페인 해군의 용맹스러움을 표현한 말이죠. 스페인은 여러 왕국으로 분열되어 있다가 15세기 말에 통일 왕국을 이루었어요. 16세기에는 전 세계에 식민지를 건설할 정도로 국력이 강했어요. 19세기 말에는 여러 전쟁에 패하면서 식민지 대부분을 잃었지요. 1931년 공화국이 되었지만 1936년에 내란을 겪은 후 프랑코 1인 독재 시대를 맞아야 했어요. 1975년 프랑코가 사망한 후에는 다시 왕정 국가가 되었어요.

바르셀로나는 스페인 북동부에 있는 카탈루냐 지방의 중심 도시예요. 스페인의 수도인 마드리드에 이어 제2의 도시지만 일찍부터 상공업이

© C messier, CC BY-SA

발달하여 경제력은 마드리드보다 앞서 있어요. 바르셀로나를 이야기할 때 사람들이 가장 먼저 떠올리는 것은 위대한 건축가 안토니 가우디예요.

바르셀로나의 랜드마크, 성 가정 대성당

바르셀로나는 '가우디의 도시'라고도 불려요. 가우디가 설계한 독특하고 아름답고 매력 넘치는 건축물 때문이지요. 그 이름은 사그라다 파밀리아 성당, 우리말로 풀이하면 성 가정 대성당이에요. 성 가정은 예수와 마리아, 요셉, 즉 예수의 가족을 의미해요. 이 성당 덕분에 바르셀로나는 스페인에서 가장 인기 있는 도시가 되었어요.

성 가정 대성당은 1882년 공사를 시작했지만 아직도 완성하지 못했답니다. 원래는 가우디의 스승 비야르가 설계를 맡아 1882년에 공사를 시작했어요. 그런데 건축을 의뢰한 사람과 비용 문제로 다투다 물러나고 가우디가 1883년부터 설계를 맡게 되었어요.

　가우디는 죽을 때까지 40년 이상을 성당을 짓는 데 모든 열정을 쏟아부었어요. 가우디가 죽은 뒤 스페인 내전과 제2차 세계대전이 터지고, 또 건축 비용 문제가 생겨 공사가 멈춘 적도 있어요. 하지만 1953년부터 다시 공사를 시작하여 현재까지 짓고 있어요.

　건축 비용은 처음에는 후원자들의 기부금으로 충당했고, 지금은 관광객들이 내는 입장료로 충당하고 있어요. 가우디가 죽은 지 100년이 되는 2026년에 완공될 예정이라고 하는데, 정확한 날짜는 알 수 없다고 해요.

　성 가정 대성당의 구조는 동쪽 면, 서쪽 면, 남쪽 면, 이렇게 세 개의 파사드(건축물의 정면 출입구)로 이루어져요. 동쪽 면은 '탄생', 서쪽 면은 '수난', 남쪽 면은 '영광'이라는 주제로 만들어졌어요. 각 파사드는 네 개의

ⓒ Richard Mortel, CC BY-SA

ⓒ SBA73, CC BY-SA

돈키호테와 로시난테

첨탑과 연결돼요. 가우디는 탄생의 파사드만 완성했고, 가우디가 죽은 후 수난의 파사드가 완성되었어요. 영광의 파사드는 2002년에 공사를 시작했어요.

성 가정 대성당에는 모두 열여덟 개의 첨탑이 올라가게 돼요. 각 첨탑은 예수와 마리아, 열두 제자, 네 명의 복음 사도들을 상징한다고 해요. 첨탑은 옥수수 모양으로 만들어져요. 성당 안 천장은 별 모양으로 독특하게 꾸며져 있어요.

성 가정 대성당은 유럽의 다른 성당들과 비교하면 그 모습이 매우 특별해요. 인간의 상상을 뛰어넘는 독창성과 예술성을 보여 주고 있지요. 가우디가 창조해 낸 천재적인 상상력과 예술의 아름다움을 보기 위해 사람들의 발길이 끊이지 않아요. 아직 완공되지 못했는데도 해마다 수백만 명의 관광객이 찾아올 정도로 성 가정 대성당은 세계적인 명소로 자리 잡았어요.

바르셀로나의 또 다른 명소
피카소 미술관

바르셀로나 하면 빼놓을 수 없는 인물이 바로 파블로 피카소예요. 피카소는 청년 시절에 바르셀로나에서 미술 공부를 했지요.

이런 까닭에 바르셀로나에는 피카소 미술관이 있답니다. 피카소 미술관이 지어진 사연을 알게 되면 피카소가 바르셀로나를 얼마나 사랑했는지 알 수 있어요.

피카소에게는 사바르테스라는 친구가 있었어요. 사바르테스는 피카소 작품에 깊은 애

ⓒ haitham alfalah, CC BY-SA

정을 갖고 열정적으로 수집을 했어요. 그래서 피카소의 초기 작품들은 대부분 사바르테스와 피카소의 가족들이 갖고 있다고 하지요. 그 양이 무려 천여 점이라고 해요.

이 사실이 알려지자 전 세계의 미술 수집가들이 사바르테스와 가족들에게 작품을 팔라고 요청했어요. 그들은 작품을 팔아 부유해질 수 있었지만 그 요구를 거절했지요. 사바르테스는 1968년 세상을 떠나면서 자신이 보관한 모든 작품을 피카소의 고향인 말라가에 기증해 달라고 피카소에게 말했어요. 하지만 피카소는 자신의 작품을 말라가가 아닌 바르셀로나에 기증했고, 결국 피카소 미술관이 만들어지게 되었어요. 바르셀로나에서 피카소의 작품을 감상할 수 있는 행운 뒤엔 피카소의 바르셀로나 사랑이 있어요.

18 오스트리아 빈
성 슈테판 대성당

빈, 성 슈테판 대성당

- **수도** : 빈
- **언어** : 독일어
- **화폐** : 유로(EUR, €)
- **면적** : 838만 7,900ha
- **인구** : 897만 7,139명(2024년)
- **종교** : 가톨릭, 개신교, 이슬람교

© Radler59, CC BY-SA

자유로운 예술가의 영혼이 깃든 도시

오스트리아 빈

유럽 중부에 있는 오스트리아는 유럽에서 막강한 세력을 떨쳤던 합스부르크 왕가가 다스리는 제국이었어요. 17~18세기에는 유럽의 강국이었지만 19세기부터 국력이 기울기 시작했어요. 1939년에 독일과 합병했다가 제2차 세계대전 이후에는 영국, 미국, 프랑스, 소련 등 연합국으로부터 분할되고 점령당했지요. 1955년에는 영세 중립국으로 독립했어요.

빈은 영어식 발음인 '비엔나'로 잘 알려진 도시예요. 빈을 한마디로 표현하면 음악의 도시죠. 베토벤, 모차르트, 슈베르트, 요한 슈트라우스 등 천재 음악가들이 빈을 무대로 활동했고, 또 빈에 잠들어 있어요.

요한 슈트라우스 동상

빈의 랜드마크, 성 슈테판 대성당

성 슈테판 대성당은 빈을 상징하는 유명한 건축

© C.Stadler/Bwag, CC BY-SA

물이에요. 기독교 최초의 순교자인 슈테판의 이름을 딴 성당이지요.

공사 기간만 65년이 걸린 오스트리아 최대의 고딕 양식 건축물이에요. 처음 지을 때가 12세기 중엽이었는데, 당시는 로마네스크 양식의 작은 성당이었어요. 그런데 13세기에 불이 나서 타 버리고 말았지요. 이후 14세기에 합스부르크 왕가의 루돌프 4세가 고딕 양식으로 새로 지었어요.

성 슈테판 대성당은 길이가 107미터, 높이는 39미터예요. 특히 남쪽과 북쪽에 웅장하게 솟아 있는 두 개의 첨탑은 높이가 137미터, 67미터예요.

빈 소년 합창단

128

청색과 금색으로 화려하게 꾸민 모자이크 지붕도 유명해요. 이 지붕은 벽돌 25만 개로 이루어졌다고 해요. 내부를 장식한 스테인드글라스도 아름답기 그지없답니다. 지하에는 유골이 안치되어 있어요. 15세기 말 유럽을 공포로 몰아넣었던 흑사병에 걸려 죽은 사람들 2천여 명의 유골이지요. 137미터나 되는 남쪽 첨탑에 가려면 343개의 계단을 올라가야 해요. 첨탑 꼭대기에 서면 아름다운 모자이크 지붕과 빈 시내를 한눈에 볼 수 있어서 여행객의 발길이 끊이지 않아요.

성 슈테판 대성당은 모차르트의 결혼식이 열렸던 장소로도 유명합니다. 모차르트는 집안의 반대를 물리치고 이 성당에서 콘스탄체와 결혼식을 올렸지요. 이 위대한 천재 음악가를 추모하는 장례식이 치러진 곳도 이 성당이에요.

성 슈테판 대성당은 빈의 상징물인 만큼 해마다 12월 31일이 되면 특별한 행사들이 열려요. 빈 시민들은 성당 앞 광장에 모여 와인을 마신 다음 그 잔을 바닥에 던져 깨뜨린답니다. 그리고 자정이 되면 서로에게 키스를 하며 새해를 맞아요. 아주 독특하고 재미있는 풍습이지요.

2천여 명의 유골이 안치된 지하 무덤　　　　　　　　　　　　성당 내부

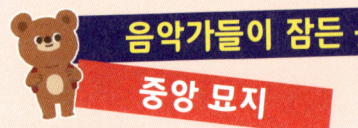

음악가들이 잠든 곳
중앙 묘지

음악의 도시답게 빈에는 특별한 묘지가 있어요. 음악가들이 잠들어 있는 중앙 묘지가 그곳이죠. '음악가의 묘지'라고도 불린답니다. 본래는 다섯 군데에 흩어져 있는 묘지를 한 곳에 모으기 위해 시립 묘지를 계획한 것이었는데, 음악가들의 묘지가 이곳에 옮겨 오면서 더 유명해졌어요. 묘지라기보다 공원 같은 느낌이 드는 곳이에요. 중앙 묘지 정문을 지나 200미터가량 올라가면 중앙에 모차르트의 기념비가 있고, 이 기념비를 중심으로 베토벤, 슈베르트, 요한 슈트라우스, 브람스의 묘지가 자리 잡고 있어요. 위대한 음악가들을 기리는 장소인데도 화려하지 않고 소박하게 꾸며진 것이 이채롭게 느껴져요.

© Gerd Eichmann, CC BY-SA

TIP!

모차르트의 무덤은 빈의 마르크스 묘지에 묻혀 있다고 알려져 있지요. 그래서 이곳 중앙 묘지에는 기념하는 동상만 세워져 있답니다. 모차르트는 불행하게 살다 간 음악가예요. 장례식이 끝난 뒤 시신을 땅에 묻을 때 날씨가 좋지 않아서 가족이나 친척들이 오지 못했고 비석도 새기지 않아 모차르트가 묻혀 있는 장소를 정확히 모른다고 해요. 마르크스 묘지에 시신이 묻혀 있을 거라고 추정할 뿐이지요. 슈베르트는 죽을 때 베토벤 옆에 묻어 달라고 유언을 남겼어요. 그의 유언대로 베토벤 묘지 옆에 고요히 잠들어 있어요.

베토벤의 무덤

19 크로아티아 자그레브
자그레브 대성당

- **수도** : 자그레브
- **언어** : 크로아티아어
- **화폐** : 유로(EUR, €)
- **면적** : 880만 7천ha
- **인구** : 398만 6,627명(2024년)
- **종교** : 가톨릭, 정교회, 개신교, 이슬람교

발칸반도의 꽃

크로아티아 자그레브

크로아티아는 유럽 동남부 발칸반도에 있는 나라예요. 오랫동안 로마 제국, 합스부르크 제국, 오스트리아 제국의 지배를 받았지요. 제1차 세계대전 후에는 세르비아-크로아티아-슬로베니아 왕국에 속해 있었고, 제2차 세계대전 후에는 유고슬라비아 연방에 속해 있었어요. 하지만 1989년에 일어난 동유럽 민주화 운동의 영향을 받아 유고슬라비아로부

해변 도시 두브로브니크

터 독립을 선언하고 1991년 주권 국가를 세웠어요.

크로아티아의 수도인 자그레브는 정치·문화·행정·교통의 중심지로서 모든 것이 집중된 대도시예요. 유고슬라비아 연방에서 독립한 이후 끔찍한 내전을 겪은 탓으로 독특한 도시 문화를 간직하고 있어요. 자그레브는 중부 유럽의 중심부에 자리하여 지중해와 발칸반도를 연결하는 교통의 요충지 역할을 하고 있답니다.

자그레브의 랜드마크, 자그레브 대성당

자그레브 대성당은 자그레브에서 가장 크고 높은 건축물이에요. 1093년 헝가리 왕이 명하여 시작한 공사는 100년 이상이나 걸렸어요. 1217년경 공사를 마친 후에는 성모 마리아에게 봉헌*되었지요. 그래서 성모 승천 성당으로 불리기도 해요. 대성당 앞에는 성모 승천상이 서 있어요.

자그레브 대성당은 여러 번 파괴되어 다시 지어졌어요. 1242년 타타르족이 쳐들어와 불이 났고 성당 대부분이 훼손되었어요. 그 후 1264년부터 20년간 고딕 양식으로 다시 지어졌지요. 17세기에는 두 번이나 불이 나서 너

*봉헌 : 물건이나 상징물을 바치는 것.

© Jorge Franganillo, CC BY-SA

무 많이 훼손되었는데, 곧 복구됐어요. 1880년에는 지진으로 파손된 건물을 복구하여 1889년에 지금의 모습을 갖추게 되었어요.

마지막 복원은 오스트리아 건축학 교수 프리드리히 슈미트가 하기로 했지만 결국 그의 제자 헤르만 볼레가 지금의 모습을 완성시켰어요. 당시 108미터 높이의 쌍둥이 첨탑은 예전 모습 그대로 복원하지 못해서 두 탑의 높이가 서로 다르답니다.

자그레브 대성당은 첨탑을 제외한 건물 높이가 77미터이고, 넓이는 46미터예요. 성당 내부는 5천여 명이 미사를 드릴 수 있을 만큼 넓어요. 눈부시게 아름답고 웅장한 제단은 성스러운 마음이 들게 해요. 대성당 안에는 가치 있는 유물이 많아서 크로아티아의 보물이라고 불리며 소중하게 보호되고 있어요.

발칸반도의 보석, 자그레브!

자그레브의 또 다른 랜드마크
성 마르코 성당

자그레브 대성당만큼이나 사람들의 관심을 끄는 성당이 또 있어요. 자그레브 대성당에서 멀지 않은 곳에 있는 성 마르코 성당이에요. 레고블록을 쌓은 것처럼 꾸민 모자이크 지붕이 눈에 확 띄지요. 독특한 지붕 모양은 마치 동화 속에 있는 것 같은 느낌을 자아냅니다.

지붕은 두 가지 문장으로 꾸며졌어요. 왼쪽은 크로아티아 최초의 통일 왕국인 크로아티아·슬로베니아·달마티아의 문장이고, 오른쪽은 자그레브 도시 문장이에요. 빨강과 파랑, 흰색의 체크무늬로 장식된 모자이크 타일이 정감을 줍니다.

성 마르코 성당은 13세기에 처음 세워졌어요. 14세기 후반에는 보수 공사를 크게 하여 지금과 같은 모습을 갖추었지요. 성당 현관은 19세기 말 체코 프라하 출신의 건축가가 고딕 양식으로 새로 지었어요. 현관문 윗부분은 열다섯 개의 조각상으로 장식했어요. 맨 위에는 예수와 성모 마리아가 아기 예수를 안고 있는 조각상이 있어요. 나머지 칸에는 열두 제자가 서 있어요. 이들 조각상은 예술적 가치가 매우 높아 귀중한 보물로 평가되고 있답니다.

TIP!

성당 내부에는 크로아티아 출신 조각가인 이반 메슈트로비치의 작품이 전시되어 있어요. 벽면에는 성당의 역사를 알 수 있는 프레스코화가 그려져 있고요.

성 마르코 성당은 크기는 작지만 모자이크 지붕과 함께 건물의 모습이 매력적이어서 자그레브를 찾는 관광객들이 꼭 들르는 명소예요. 젊은 크로아티아 남녀가 가장 결혼하고 싶은 장소로도 꼽히고 있답니다.

예수와 성모 마리아, 열두 제자 조각상
ⓒ Stephan Hoppe, CC BY-SA

ⓒ Sheldonium, CC BY-SA

20 핀란드 헬싱키
헬싱키 대성당

- **수도** : 헬싱키
- **언어** : 핀란드어, 스웨덴어
- **화폐** : 유로(EUR, €)
- **면적** : 3,384만 7천ha
- **인구** : 554만 9,886명(2024년)
- **종교** : 루터교, 정교회, 무교

> 아이들이 행복한 도시

핀란드 헬싱키

핀란드는 유럽 북부 스칸디나비아반도에 있는 나라예요. 19세기 초까지 스웨덴의 지배를 받다가 나폴레옹 전쟁 후에는 러시아 제국 자치령*이 되었어요. 1917년 러시아 혁명 때 독립을 이루었지만 1939년 소련이 다시 쳐들어와 전쟁을 치렀어요. 이것이 그 유명한 겨울 전쟁이지요. 치열한 전투를 벌인 두 나라는 결국 1940년에 평화 협정을 맺고 전쟁을 끝냈어요.

헬싱키는 러시아가 지배하던 시절인 1812년에 핀란드의 수도가 되었어요. 이후 도시로 발전하기 시작했고, 1917년 러시아로부터 독립하면서 더 빠르게 발전했어요. 지금도 핀란드의 수도로서 산업의 중심지 역할을 하고 있어요.

*러시아 제국 자치령: 러시아 연방 안에 있는 독립국.

헬싱키의 랜드마크, 헬싱키 대성당

파리에 가면 에펠 탑을 사진에 담아 오듯이, 헬싱키에 가면 반드시 헬싱키 대성당을 배경으로 사진을 찍어야 해요. 그만큼 사람들이 좋아하고,

헬싱키에 왔다면 꼭 들러야 하는 명소랍니다.

　헬싱키 대성당은 카를 루빙 엥겔이 설계했어요. 1830년에 공사를 시작해서 22년이나 걸려 1852년에 완공했어요. 처음에는 러시아 정교회를 위한 성당이었어요. 그래서 성 니콜라우스 성당으로 불렸지요.

　성당 겉모습은 웅장한 왕궁처럼 보인답니다. 밝은 녹색 돔과 하얀 기둥이 매우 인상적이에요. 돔은 다섯 개나 올라가 있어요. 중앙에 큰 돔이 있고, 네 귀퉁이에 작은 돔이 있어요. 작은 돔 네 개는 나중에 만들어졌어요. 성당 지붕 위에는 예수님의 열두 제자 동상이 서 있고요.

　현재 헬싱키 대성당은 루터파 교회의 총본산*으로 사용되고 있어요. 핀란드는 국민의 85퍼센트가 루터교도이기 때문에 러시아 제국으로부터 독립한 이후부터는 루터교를 위한 성당으로 바뀌었지요. 그래서 루터교 대성당으로 불리기도 해요.

　헬싱키 대성당에서는 국가 행사가 많이 열려요. 또 전시회, 파이프오르간 연주회 등 다채로운 행사도 볼 수 있답니다.

산타 선물 받고 싶어?
내 고향 핀란드로 오렴.

*교회의 총본산: 모든 교회를 다스리고 대표하는 곳.

© Alvesgaspar, CC BY-SA

TIP!

헬싱키의 또 다른 랜드마크
우스펜스키 성당

우스펜스키 성당은 핀란드 정교회의 주교좌 성당*이에요. 성당의 수호성인은 예수의 어머니인 성모 마리아예요. '우스펜스키'는 '성모 안식*'을 뜻하는 고대 슬라브어 '우스페니에'에서 나온 말이에요.

우스펜스키 성당은 러시아 황제 알렉산드르 2세가 지배하던 시절에 지어졌어요. 러시아 건축가 알렉세이 고르노스타예프가 설계했고요. 1862년 공사를 시작하여 1868년 성모 승천 축일에 완공되었어요.

우스펜스키 성당은 붉은색 벽돌로 지어져서 흰색 벽체를 지닌 헬싱키 대성당과는 대조를 이루어요. 그래서 더 멋진 헬싱키의 랜드마크가 되었답니다. 인상적인 것은 양파 모양의 금색 돔 지붕이에요. 돔 위에는 금빛 십자가가 세워져 있어요.

성당은 언덕 위에 자리 잡고 있어서 헬싱키 시내가 한눈에 내려다보여요. 성당 내부에 들어가면 예수와 열두 제자를 묘사한 그림을 볼 수 있고, 성당 뒤편에서는 알렉산드르 2세의 동상을 감상할 수 있어요.

*주교좌 성당: 가톨릭 교구의 중심이 되는 성당.
*안식: 편히 쉬는 것.

4부

세계의 빌딩, 호텔

21 노르웨이 오슬로
오슬로 시청사

오슬로, 오슬로 시청사

- **수도** : 오슬로
- **언어** : 노르웨이어
- **화폐** : 노르웨이 크로네(NOK, kr)
- **면적** : 6,245만ha
- **인구** : 551만 4,477명(2024년)
- **종교** : 루터교, 무교

© Suicasmo, CC BY-SA

자연과 조화롭게 살아가는 도시

노르웨이 오슬로

유럽 북부 스칸디나비아반도의 북서부에 있는 노르웨이는 9세기경에 통일 왕국을 세웠어요. 하지만 한 세기 후에 덴마크와 스웨덴의 지배를 받았지요. 1905년에는 스웨덴으로부터 독립했어요. 다른 북유럽 국가들처럼 노르웨이도 최고의 사회 보장 제도를 가지고 있어요. 국민 한 명 한 명이 생활하는 데 어려움을 겪지 않도록 나라가 보살피고 해결해 주는 복지 정책을 펼치고 있답니다. 세계 3위 천연 가스 수출국, 세계 5위 석유 수출국이기도 해요.

오슬로는 1048년 바이킹 왕 하랄드가 건설한 도시예요. 13세기에는 호콘 5세가 수도로 삼았지요. 19세기 스웨덴이 지배하던 시절에도 수도였고, 스웨덴으로부터 독립한 뒤에도 수도로 남았어요. 노르웨이 최대의 도시이자 정치·경제·문화의 중심지 역할을 하고 있어요.

오슬로의 랜드마크, 오슬로 시청사

오슬로 시청사는 해마다 12월에 열리는 노벨 평화상 시상식 장소로 알려진 곳이에요. 노벨상 시상식은 스웨덴의 스톡홀름에서 열리지만 노벨 평화상 시상식은 오슬로 시청사에서 열린답니다. 그건 노벨의 유언이었어요. 그가 왜 오슬로를 선택했는지는 잘 알려지지 않아서 많은 사람이 궁금해하고 있지요.

오슬로 시청사는 오슬로시 창립 900주년을 기념하여 세워졌어요. 1931년 공사를 시작했으나 제2차 세계대전으로 중단되었고, 전쟁 후 다시 시작하여 1950년에 완공했어요. 전체 구조는 중앙에 본관 건물이 들어서 있고, 양쪽으로는 붉은 벽돌로 쌓은 건물 탑이 우뚝 솟아 있어요. 겉모습은 특징이 없고 딱딱

© Falk2, CC BY-SA

뭉크의 방 © Jean-Pierre Dalbéra, CC BY-SA

노벨 평화상 시상식이 열리는 로비 © dokaspar, CC BY-SA

해 보이지만, 내부는 유명한 화가들의 작품들로 화려하게 꾸며져 있어 많은 볼거리를 제공해요.

건물 1층은 오슬로시의 신화와 역사, 노르웨이 사람들의 일상생활, 제2차 세계대전 당시 독일군의 점령 등 노르웨이 역사를 담은 벽화들로 장식되어 있어요. 1층은 노벨 평화상 시상식이 열리는 장소이기도 해요. 우리나라의 김대중 전 대통령이 2000년에 이곳에서 노벨 평화상을 수상했어요. 2층에는 노르웨이 화가인 뭉크의 그림이 걸려 있는 '뭉크의 방'이 있어요. 이곳에서 뭉크의 작품 〈생명〉을 감상할 수 있지요. 매달 한 번은 시민들의 결혼식 장소로도 개방하고 있다고 해요.

우리는 유럽 바다를 호령한 바이킹!

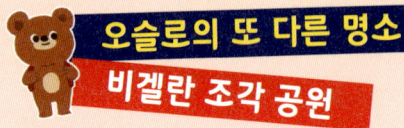

오슬로의 또 다른 명소
비겔란 조각 공원

비겔란 조각 공원은 세계 최대의 조각 공원이에요. 오슬로의 프로그네르 공원 중심에 자리해 있어요. 노르웨이가 낳은 세계적인 조각가 비겔란은 일생 동안 열정을 쏟아 만든 조각 작품을 오슬로시에 기증할 뜻을 밝혔어요. 오슬로시는 비겔란의 뜻을 받아들여 프로그네르 공원에 조각 공원을 만들기로 하고 비겔란에게 공원 설계를 맡겼어요.

비겔란은 13년에 걸쳐 청동과 화강암 등을 이용해 다양한 작품을 만들었어요. 하지만 안타깝게도 공원이 채 완성되기 전에 세상을 떠나고 말았어요. 그 이후 그의 제자들이 지금의 공원을 완성했답니다.

© L. Shyamal, CC BY-SA

TIP!

가장 유명한 작품은 공원 끝부분에 자리 잡은 〈모놀리트〉예요. 높이 17미터에 달하는 화강암 조각상으로 멀리서 보면 커다란 기둥처럼 보이지만, 가까이에서 보면 121명의 남녀가 서로 뒤엉켜 괴로움으로 몸부림치는 모습이 아주 생동감 있게 묘사되어 있어요. 실제 사람 크기로 형상화하여 더욱 생생한 느낌을 전달해 주고 있어요. 특이한 것은 위로 올라갈수록 안간힘을 쓰는 인간의 모습을 표현하고 있다는 점이에요.

비겔란 조각 공원에는 비겔란과 그의 제자들이 만든 조각품 200여 점이 전시되어 있어요. 인간의 희로애락과 삶을 주제로 한 다양한 작품들을 만날 수 있지요. 아름다운 조각 작품들이 자연과 어우러져 있어 오슬로 시민들에게 자연과 예술을 누리는 즐거움을 주고 있어요. 오슬로시를 대표하는 문화 공간으로 평가받고 있기도 하고요.

© Palickap, CC BY-SA

'북구의 로댕'이라 불리는 비겔란의 작품들   © Nickrds09, CC BY-SA © Palickap, CC BY-SA © Olivier2000, CC BY-SA

22 스웨덴 스톡홀름
스톡홀름 시청사

스톡홀름, 스톡홀름 시청사

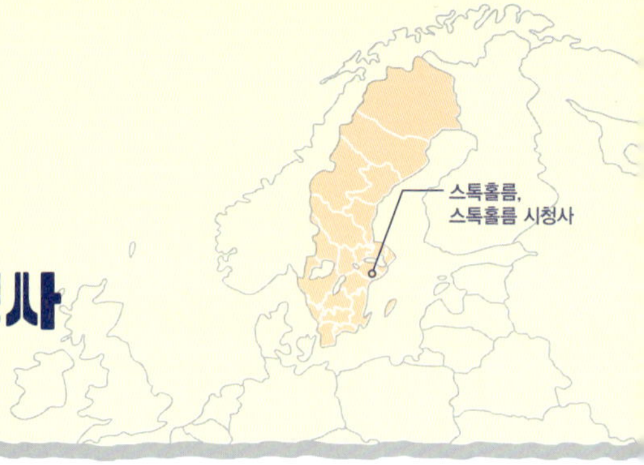

- **수도** : 스톡홀름
- **언어** : 스웨덴어
- **화폐** : 스웨덴 크로나(SEK, kr)
- **면적** : 5,288만 6,072ha
- **인구** : 1,067만 3,669명(2024년)
- **종교** : 루터교, 무교, 이슬람교

북유럽의 심장

스웨덴 스톡홀름

스웨덴은 유럽 북부 스칸디나비아반도에서 동남부에 자리하고 있어요. 8세기 말부터 노르웨이, 덴마크와 함께 바이킹 시대를 개척한 나라로 유명하죠. 바다를 지배하며 유럽 각지에서 해상 무역을 펼쳤어요. 스웨덴은 16세기까지 덴마크의 지배를 받았어요. 나폴레옹 전쟁 이후에는 노르웨이와 연합 왕국을 이루었다가 1905년 노르웨이가 독립해 나가면서 현재의 스웨덴 왕국이 되었어요. 스웨덴은 북구의 낙원이라 불릴 만큼 완벽한 국민 복지가 이루어지는 나라예요. 세계 최고 수준의 사회 보장 제도를 가지고 있어서 국민들이 많은 혜택을 누리며 살아요.

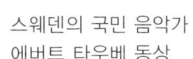

스웨덴의 국민 음악가
에버트 타우베 동상

스톡홀름은 스웨덴의 수도이자 정치·경제·문화의 중심지예요. 스칸디나비아반도 지역 가운데에서도 가장 큰 도시랍니다. 발트해와 멜라렌 호수 사이에 있는 반도와 많은 섬으로 이루어져 있어서 '북방의 베네치아'라고도 불려요.

스톡홀름의 랜드마크, 스톡홀름 시청사

스톡홀름 시청사는 스톡홀름의 쿵스홀멘섬에 있어요. 제방 위에 지은 건축물이라서 물 위에 떠 있는 것처럼 보여요. 해마다 노벨상 기념 만찬이 열리는 곳이기도 해요.

스웨덴의 건축가 라그나르 외스트베리가 설계를 맡았고요. 1911년에 공사를 시작하여 12년이 지난 1923년에 완공되었어요. 사용된 벽돌만 약 800만 개에 이르고, 1,800만 개에 달하는 금박 모자이크가 붙여졌다고 해요.

내부는 크게 블루 홀과 골든 홀로 나누어져

말괄량이 삐삐

있어요. 푸른색을 띤 바닥 타일로 장식된 블루 홀에는 10,270개의 파이프로 구성된 대형 오르간이 설치되어 있어요. 스칸디나비아에서 가장 큰 오르간이에요. 노벨상 수상식이 끝난 후 기념 만찬이 열리는 곳이 바로 블루 홀이에요.

골든 홀은 블루 홀 위층에 있어요. 여기에서는 스웨덴의 역사를 담은 대형 타일 모자이크와 금박 장식을 한 모자이크 벽화를 오롯이 감상할 수 있어요.

시청사 남동쪽에는 높이 106미터에 달하는 탑이 서 있어요. 탑 꼭대기에는 스웨덴을 상징하는 세 개의 왕관이 장식되어 있고요. 이 탑은 엘리베이터를 이용하거나 365개 계단을 올라야 갈 수 있어요. 탑 정상에 있는 전망대에 서면 스톡홀름 시내를 한눈에 볼 수 있답니다.

스톡홀름 시청사는 세상에서 가장 아름다운 시청 건물이라는 찬사를 듣고 있어요. 바다 위에 떠 있는 듯한 고풍스러운 건물, 스웨덴의 오랜 역사와 문화가 살아 숨 쉬는 수준 높은 조각품과 그림, 장식물 들은 매우 특별하게 느껴집니다.

시청사 내부 모습 ⓒ Frankie Fouganthin, CC BY-SA   노벨을 기리는 부조 ⓒ Artem Korzhimanov, CC BY-SA

알고 보면 더 재미있는 이야기
스톡홀름 증후군

스톡홀름 증후군이라는 용어가 있어요. 인질이 범인에게 공감하면서 범인의 행동을 감싸거나 도와주는 현상을 말해요.

스톡홀름 증후군은 스톡홀름에서 일어난 범죄 사건에게 비롯되었어요. 1973년 8월 23일부터 8월 28일까지 한 은행에서 인질극이 벌어졌어요. 범인들은 은행 직원들을 6일 동안 인질로 붙잡고 있었어요. 다행히 인질극은 아무도 다치지 않고 끝났지요.

그런데 이상한 일이 일어났어요. 인질들이 범인들에게 호감을 느끼고 범인들 편을 들었기 때문이에요. 인질들은 경찰에게 구출되었을 때 오히려 경찰들을 미워했고, 범인들에게 불리한 증언은 하지 않았어요.

스웨덴의 범죄심리학자이자 정신의학자인 닐스 베예로트는 이런 현상을 '스톡홀름 증후군'이라고 이름 붙였어요.

스톡홀름 증후군은 보통 세 단계를 거친다고 해요. 첫 번째는 인질이 자신의 목숨을 쥐고 있는 범인에게 고마워하고 따뜻함을 느끼는 단계예요. 자신을 죽이지 않는 것에 감사하는 거지요.

두 번째는 인질을 구출하려고 하는 경찰에게 오히려 거부감을 느끼는 단계예요. 범인이 자신을 죽이지 않는데, 오히려 경찰이 구출을 하면서 자신이 죽을 수도 있다는 두려움을 느끼기 때문에 경찰에게 반감을 느끼는 거예요.

TIP!

세 번째는 범인과 인질 모두 서로에게 좋은 감정을 갖는 단계예요. 결국 인질이나 범인은 함께 한 공간에 갇혀 있고 같은 두려움을 느끼기 때문에 '우리'라는 감정이 생긴다는 거지요. 스톡홀름 증후군은 비정상적인 심리 현상이라고 말할 수 있어요. 이는 위태롭거나 불안한 상황에 놓인 약자가 강자에게 어쩔 수 없이 길들여지고 적응하면서 나타나는 현상이에요.

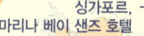

23 싱가포르
마리나 베이 샌즈 호텔

- **언어 :** 영어, 중국어, 말레이어
- **화폐 :** 싱가포르 달러(S$)
- **면적 :** 7만 3,310ha
- **인구 :** 605만 2,709명(2024년)
- **종교 :** 불교, 기독교, 이슬람교, 도교

작지만 풍요로운 도시국가

싱가포르

싱가포르는 동남아시아 싱가포르섬에 있는 공화국이에요. 국토 면적이 721.5제곱킬로미터인 작은 도시국가*예요.

싱가포르섬은 원래 말레이인들이 살던 지역이었어요. 1819년 스탬퍼드

*도시국가 : 싱가포르, 바티칸, 모나코 등 하나의 도시가 국가를 이룬 나라.

호텔 옥상이 수영장이다. 하늘 놀이터~

ⓒ dronepicr, CC BY-SA

래플스라는 영국 동인도 회사의 식민지 개척자가 섬에 들어오면서 새로운 역사가 시작돼요. 래플스는 싱가포르를 무역 항구 도시로 개발하기 위해 많은 정책을 폈어요. 영국인, 중국인, 인도인, 자와인, 부기스인 등이 들어와 살 수 있도록 장려했어요. 이때 많은 중국인들이 몰려와서 현재는 중국계 싱가포르인이 74퍼센트나 차지한답니다.

싱가포르는 1963년 영국으로부터 독립하고, 1965년에는 말레이시아 연방으로부터 독립했어요. 이후 빠르게 발전하여 현재 1인당 GDP 세계 5위(2024년 기준)를 기록할 만큼 세계 최고의 선진국으로 올라섰어요.

싱가포르의 랜드마크, 마리나 베이 샌즈 호텔

　세계에서 가장 특이한 모양의 호텔을 꼽으라면 아마도 마리나 베이 샌즈 호텔일 거예요. 55층 높이의 건물 세 개로 이루어져 있어요. 객실 수가 무려 2,561개예요. 무엇보다 놀라운 것은 건물이 52도 기울어져 있다는 점이지요. 더더욱 놀라운 것은 거대한 배 모양의 구조물이 세 건물 위에 얹어져 있다는 점이에요. 맨 꼭대기에 있는 구조물이 바로 수영장이랍니다. 지붕이 없는 마천루에서 수영을 할 수 있는 거지요. 이 혁신적인 호텔은 21세기 건축의 기적이라 불리며 세계 건축가들의 찬사를 받고 있답니다.

　마리나 베이 샌즈 호텔은 이스라엘의 디자이너 모셰 샤프디가 설계했어요. 그리고 우리나라의 건설사가 공사를 맡아 완공했어요.

　가장 특별한 장소는 뭐니 뭐니 해도 건물 꼭대기에 있는 배 모양의 스

스카이파크

카이파크일 거예요. 전망대, 정원, 레스토랑, 수영장 등 다양한 볼거리와 편의 시설이 있어요. 세계에서 가장 높은 곳에서 수영을 하며 가장 멋진 전망을 볼 수 있는 곳이에요. 호텔 앞에 바닷가가 있어서 스카이파크에서 바라보는 풍경은 그야말로 환상적이에요. 예전에는 입장료만 내면 누구나 수영장을 이용할 수 있었는데, 지금은 호텔에 머무는 고객만 이용할 수 있다고 해요.

싱가포르의 상징물
머라이언상

싱가포르라는 이름은 '사자의 도시'라는 의미를 지니고 있어요. 수마트라섬에서 온 스리위자야 왕국의 왕자가 사냥을 하다가 사자처럼 생긴 이상한 동물들이 섬으로 사라지는 것을 보고 '싱가(사자) 푸라(도시)'라고 부르기 시작하면서 이름이 생겨났다고 해요. 그런 까닭에 싱가포르에 가면 머리는 사자, 몸은 물고기인 '머라이언상'을 자주 볼 수 있어요. 사자의 도시이자 항구 도시인 싱가포르의 상징물이지요. 머라이언은 인어(mermaid)와 사자(lion)의 합성어로 반은 물고기, 반은 사자의 모습을 한 전설의 동물이에요.

© Terence Ong, CC BY-SA

싱가포르에서 가장 유명한 머라이언상은 머라이언 공원에 있어요. 높이 8.6미터, 무게 70톤에 이르는 머라이언상은 1972년 싱가포르강이 시작되는 곳에 건립되었는데, 2002년 마리나만의 머라이언 공원으로 자리를 옮겼어요.

머라이언 공원은 머라이언상을 보러 오는 관광객의 발길이 끊이지 않아 싱가포르에서 가장 인기 있는 명소가 되었어요. 머라이언상이 힘차게 내뿜는 물을 받아먹는 자세를 취하며 사진을 찍는 사람들로 공원은 늘 붐빈답니다.

24 아랍에미리트 두바이
부르즈 할리파

- **수도** : 아부다비
- **언어** : 아랍어
- **화폐** : 아랍에미리트 디르함(AED)
- **면적** : 986만 4,790ha
- **인구** : 959만 1,853명(2024년)
- **종교** : 이슬람교(수니파 85%, 시아파 15%)

© Francisco Anzola, CC BY-SA

사막에 일군 석유 왕국

아랍에미리트 두바이

아시아 지역 아라비아반도 동부에 있는 아랍에미리트는 '아랍 토후국 연합'이라고도 불려요. 간단히 UAE라고 부르는 경우가 더 많지요. 아랍에미리트는 페르시아만과 접해 있는 아부다비, 두바이, 샤르자, 아즈만, 움 알쿠와인, 라스 알카이마, 푸자이라 등 7개 토후국*으로 이루어진 연방 국가예요.

두바이는 페르시아만 남동쪽 해안에 자리 잡고 있어요. 아랍에미리트에 속해 있는 두바이 토후국의 수도예요. 아랍에미리트의 수도 아부다비에 이어 두 번째로 면적이 큰 도시랍니다. 그리고 아랍에미리트에서 인구가 가장 많은 도시이기도 해요.

*토후국: 부족의 우두머리나 실력자가 다스리는 나라.

두바이의 랜드마크, 부르즈 할리파

부르즈 할리파는 세계에서 가장 높은 건물이에요. 높이가 무려 828미터이고 총 162층이에요. '부르즈'는 아랍어로 '탑'이라는 뜻이랍니다. 즉 '할리파의 탑'이라는 의미지요. 원래 이름은 '부르즈 두바이'였는데, 완공된 후 아랍에미리트 대통령인 할리파 빈 자이드 알나하얀의 이름을 따서 '부르즈 할리파'로 바뀌었어요.

부르즈 할리파는 우리나라 건설사가 공사를 맡아 완공한 것으로 유명한 건물이기도 해요. 2004년에 공사를 시작하여 2009년 마무리했지요.

부르즈 할리파는 건축사에서 몇 가지 놀라운 기록을 남겼어요. 첫 번째는 세계에서 가장 높은 건물이라는 점이고요. 두 번째는 첨단 공법으로 건설되었다는 점이에

요. 세 번째는 어마어마한 물자와 인원이 투입되었다는 점이에요. 사용된 콘크리트 양이 33만 세제곱미터, 철근 양은 3만 9천 톤, 유리 양은 14만 2천 제곱미터라고 해요. 하루에 공사에 참여한 인원이 9천 명이고, 공사 기간 내내 참여한 총인원이 850만 명에 달한다고 해요.

건물은 3일에 1층씩 올라가는 공법이 적용되었어요. 콘크리트를 고층으로 옮길 때는 높이 601미터, 156층까지 펌프를 쏘

건물을 올리는 모습

아 올리는 방식을 사용했어요. 또 세계 최초로 3대의 인공위성을 이용한 GPS 측량 시스템을 써서 오차 범위를 5밀리미터 이내로 줄였어요. 정밀한 건축 기술로 완성한 초고층 빌딩이지요.

현재 부르즈 할리파는 1층에서 39층까지는 호텔로 사용되고, 40층부터 108층까지는 고급 아파트, 109층 이상은 사무실, 124층과 145층은 전망대로 사용되고 있어요. 엘리베이터는 총 57개가 있는데, 124층에 있는 전망대 전용 엘리베이터의 경우 분당 600미터의 속도로 지상에서 전망대까지 약 50초면 도달할 수 있다고 해요. 건물 주변에는 인공 호수가 있고, 열 개의 손가락을 형상화한 아트 사이언스 박물관과 세계 최대 규모의 쇼핑몰인 '두바이 몰'도 있답니다.

두바이의 또 다른 랜드마크
부르즈 알 아랍 호텔

부르즈 할리파에 이어 두바이의 랜드마크로 자리 잡은 호텔이 또 있어요. 인공 섬 위에 건축된 부르즈 알 아랍 호텔이에요. 호텔 이름은 '아랍의 탑'이라는 뜻이에요. 1994년에 공사를 시작하여 1999년에 문을 열었어요. 호텔 모양은 아라비아의 전통 배 '다우'의 돛을 표현했어요. 높이는 321미터, 총 38층이에요. 완공 당시에는 세계에서 가장 높은 호텔이었는데, 두바이의 로즈 타워 호텔이 지어지면서 세계에서 가장 높은 호텔이라는 자리를 내주고 말았지요.

부르즈 알 아랍 호텔에서 가장 작은 객실은 169제곱미터(약 51평), 가장 큰 객실은 780제곱미터(약 236평)예요. 그만큼 객실이 커서 전체 객실은 202개뿐이에요. 모든 객실이 복층 구조로 되어 있고, 해변을 볼 수 있답니다. 28층에는 헬기 착륙장도 갖추고 있어요. 숙박료는 세계 10위 안에 들 정도로 비싸요.

골프 선수 타이거 우즈가 이 호텔에서 골프를 쳤고, 테니스 선

TIP!

수 로저 페더러와 앤드리 애거시가 경기를 펼친 적이 있어서 호텔 이름이 더 유명해졌어요. 세계 여행 가이드 책자와 호텔 등급 시스템에서 매기는 최고 호텔 수준은 5성급이에요. 부르즈 알 아랍 호텔은 7성급으로 인정될 만큼 세계 최고 수준이라는 평가를 받고 있어요.

ⓒ christoph schulz

25 타이완 타이베이
타이베이 101 빌딩

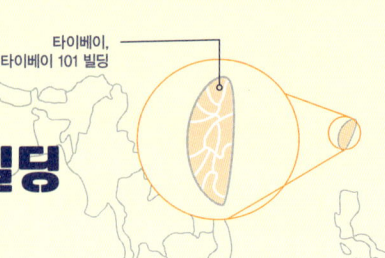
타이베이, 타이베이 101 빌딩

- **수도** : 타이베이
- **언어** : 중국어(만다린), 타이완어, 객가어
- **화폐** : 신 타이완 달러(TWD, NT$)
- **면적** : 359만 6천ha
- **인구** : 2,395만 214명(2024년)
- **종교** : 불교, 기독교, 천주교, 도교

© Zairon, CC BY-SA

찬란한 문화유산과 자연환경을 가진 도시

타이완 타이베이

흔히 '대만'으로 불리는 타이완은 중국 본토 남동 해안에 있는 섬이에요.

1949년 중국에서 일어난 국공 내전*에서 마오쩌둥이 이끄는 공산당에 패한 장제스가 국민당을 이끌고 타이완으로 건너왔고, 이때부터 타이완은 '중화민국'으로 불렸어요. 중화민국은 1970년 이전까지는 눈부시게 발전하여 중국을 대표하는 유일한 나라로 인정받았어요. 하지만 본토에 있는 중화인민공화국에게 그 자리를 빼앗기고 말았지요. 1971년 중화인민공화국이 유엔 안전보장이사회 상임 이사국이 되었기 때문이에요.

장제스를 기리는 중정기념당의 야경

---

*국공 내전: 제2차 세계대전 후 국민당과 공산당이 벌인 전쟁.

타이베이는 중화민국의 수도가 되면서 급격히 성장했어요. 현재도 타이완의 최대 도시이자 정치·경제·문화의 중심지 역할을 하고 있어요. 세계적으로 인정받은 그린 시티이기도 해요.

타이베이의 랜드마크, 타이베이 101 빌딩

타이베이의 랜드마크는 '타이베이 101 빌딩'이에요. 정식 명칭은 '타이베이 세계 금융 센터'예요.

지하 5층, 지상 101층으로 높이는 508미터예요. 1999년에 공사를 시작하여 2004년에 문을 열었어요. 2004년부터 2010년까지는 세계에서 가장 높은 빌딩

으로 기네스북에 올랐지만 두바이의 부르즈 할리파가 2010년에 완공되면서 그 자리를 내주었어요.

타이베이 101 빌딩은 겉모습이 매우 독특해요. 마치 대나무가 하늘을 향해 뻗은 것처럼 8층씩 총 8마디의 건물 층이 위로 올라가며 쌓아졌어요. 이렇게 만든 이유는 타이완 국민들이 좋아하는 숫자가 8이기 때문이라고 해요.

건물은 대부분 사무실로 사용되고 있어요. 지하 1층에서 지상 5층까지는 세계 각국의 음식을 맛볼 수 있는 음식점과 세계 유명 브랜드가 모여 있는 고급 쇼핑몰이 자리 잡고 있어요. 9층부터 84층까지는 기업의 사무실로 사용되고 있고, 85층부터 87층까지는 전망대 식당이에요.

89층에는 실내 전망대가, 91층에는 실외 전망대가 있어요. 89층 전망대에서는 전망도 감상하고 거대한 추를 볼 수 있어요. 지진에도 버틸 수 있게 진동을 막아 주는 역할을 하는 추예요. 엽서를 써서 보낼 수 있는 우체통도 있어요. 91층 실외 전망대에서는 타이베이 시내를 한눈에 내려다볼 수 있는데, 특히 화려한 도심 야경은 최고의 볼거리랍니다.

타이완의 명소
국립 고궁 박물원

국립 고궁 박물원은 타이베이에 있는 세계적인 박물관이에요. 여기서 '고궁'은 중국 베이징에 있는 '자금성'을 의미해요. 송나라, 원나라, 명나라, 청나라 등 중국 황제들이 자금성에 모아 놓았던 국보급 유물들이 타이베이에 있는 국립 고궁 박물원으로 옮겨진 거지요.

거기에는 사연이 있어요. 제2차 세계대전이 끝나고 일본이 중국에서 물러간 후 국민당 정부는 공산당 정부와 치열한 내전을 벌였어요. 싸움에서 패한 국민당 정부는 타이완으로 물러나게 되었고, 이 과정에서 자금성에 있던 29만 점의 유물을 빼내어

© Peellden, CC BY-SA

TIP!

갔어요.

국립 고궁 박물원을 '중화 문화의 보물 창고'라고 부르는 이유는 귀중하고 방대한 유물을 갖추고 있기 때문이에요.

국립 고궁 박물원은 중국 고전 궁전 양식으로 지어진 4층 규모의 본관과 여러 개의 부속 건물로 이루어져 있어요. 본관 뒤 산 중턱에는 지하 수장고를 만들어 많은 유물을 보관하고 있어요.

소장한 유물은 대략 69만 점이 넘는다고 해요. 인기 있는 유물들은 상설 전시관에 전시하고 있고, 그 밖에 옥, 도자기, 회화, 청동 등의 유물들은 3개월이나 6개월마다 주제별로 전시회를 열고 있어요.

박물원 1층에서는 고대 유물을 주로 전시하고, 2층에서는 회화, 서예, 도자기 등 예술품들을 전시해요. 3층에서는 중국 황실의 보물들을 중심으로 전시하고 있어요. 특히 3층에는 가장 인기 있는 유물인 옥으로 조각한 배추 '취옥백채'가 전시되어 있어요.

국립 고궁 박물원에 전시된 맹자의 초상화와 취옥백채

ⓒ Hardouin ⓒ Gary Todd, CC BY

173

5부

세계의 동상

26 덴마크 코펜하겐
인어 공주 동상

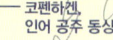
코펜하겐,
인어 공주 동상

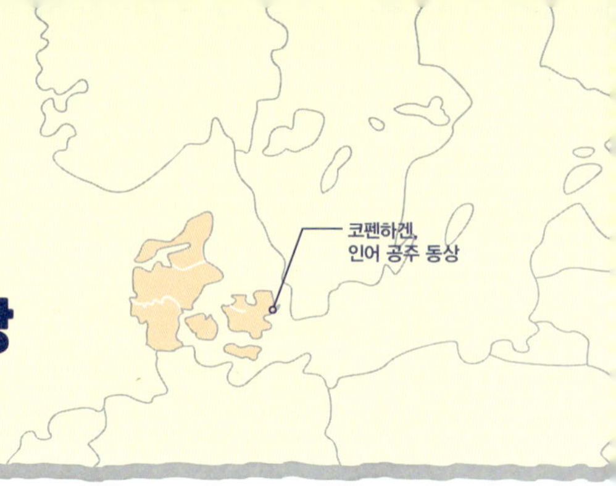

- **수도** : 코펜하겐
- **언어** : 덴마크어
- **화폐** : 덴마크 크로네(DKK, kr)
- **면적** : 429만 2천ha
- **인구** : 593만 9,695명(2024년)
- **종교** : 루터교, 개신교, 가톨릭, 이슬람교

© John Paul Jones, CC-BY-SA

행복한 동화의 도시

덴마크 코펜하겐

유럽 북부 북해 연안에 있는 덴마크는 13세기경 북유럽 전체를 지배하는 강대국이었어요. 낙농업으로 유명하고, 식료품, 철강, 화학, 기계 공업이 발달한 나라지요. 세계에서 가장 먼저 사회 보장 제도를 법으로 정한 나라기도 해요.

코펜하겐은 덴마크의 수도이자 정치·경제·문화의 중심지 역할을 하는 도시예요. 시내 곳곳에 녹지가 많고, 역사가 깊은 궁전과 교회 등의 건축물이 많아 유럽에서도 아름다운 도시로 손꼽히고 있답니다.

웰컴 투 코펜하겐!

코펜하겐의 랜드마크, 인어 공주 동상

코펜하겐의 인어 공주 동상은 바위 위에 고즈넉하게 앉아 있어요. 랜드마크라고 하기엔 크기가 작지만 해마다 백만 명 이상이 찾아오는 인기 있는 명소랍니다. 코펜하겐뿐 아니라 덴마크를 대표하는 상징물이기도 하고요.

『인어 공주』는 덴마크 동화 작가 안데르센의 대표작이에요. 안데르센 자신도 가장 감동적인 동화로 꼽은 작품이지요. 지금도 『인어 공주』는 전 세계에서 가장 많은 사랑을 받으며 끊임없이 연극과 영화로 만들어지고 있어요.

인어 공주 동상을 만들고자 힘쓴 사람은 칼 야콥센이에요. 그는 덴마크 왕실의 공식 맥주 업체인 칼스버그의 창업자 J. C. 야콥센의 아들이에요. 1909년 덴마크 왕립 발레단의 〈인어 공주〉 공연을 보고 큰 감명을 받고는 동상을 제작하기로 결심했다고 해요. 그리고 조각가 에드바르트 에릭센에게 인어 공주 동상을 제작해 줄 것을 의뢰했어요. 〈인어 공주〉를 공연한 여주인공 발레리나 엘렌 프라이스에게 모델이 되어 줄 것을 부탁했고요.

© Daniel from Glasgow, CC BY-SA

프라이스는 처음에는 하겠다고 했지만 나중에 거절했답니다. 옷을 입지 않고 벗은 몸을 드러내는 모델이 될 수는 없었다고 해요. 에릭센은 할 수 없이 동상의 얼굴은 프라이스를 모델로 하고, 몸은 자신의 아내를 모델로 삼아 완성했어요. 앉아 있는 인어 공주 동상은 125센티미터 높이로 만들어졌어요.

동상이 완성되자 칼 야콥센은 코펜하겐시에 기증했어요. 그러곤 1913년 8월 23일 해안가에 설치되었고요. 인어 공주 동상은 이내 코펜하겐을 넘어 덴마크 전체를 대표할 만큼 유명해졌지요. 코펜하겐시는 해마다 8월 23일 동상의 생일을 기념하고 있어요. 인어 공주 동상은 탄생한 후 50여 년간 평화로운 나날을 보냈어요. 하지만 1961년부터 지금까지 번번이 훼손을 당하는 수난을 겪고 있어요. 동상에 페인트를 칠하거나 목이나 팔을 자르는 경우도 있었어요. 또 정치적인 구호를 동상에 써 놓기도 했고요.

코펜하겐시는 동상의 훼손을 막고자 손이 닿을 수 없도록 해안가에서 멀리 옮기는 것도 고려했지만 관광객이 줄어들 것을 염려하여 처음 위치에 그대로 두고 있어요.

동화의 아버지 안데르센

안데르센은 1805년 코펜하겐에서 가까운 오덴세에서 태어났어요. 안데르센의 아버지는 문학을 좋아해서 아들에게 어렸을 때부터 문학적 감성을 느끼게 해 주려고 작품을 읽어 주곤 했어요. 어머니는 기독교 신앙을 가르쳤고요. 열다섯 살이 되었을 때 안데르센은 배우가 되려고 고향을 떠나 코펜하겐으로 갔어요. 하지만 아무것도 이루지 못한 채 오랫동안 힘든 나날을 보냈지요.

그러던 안데르센에게 정치가 요나스 콜린스가 도움을 주었어요. 콜린스 덕분에 대학을 졸업하게 되었고요. 이후 이탈리아 여행을 다녀온 후 『즉흥 시인』이라는 소설을 써서 대중에게 이름을 알리기 시작해요. 곧이어 동화집을 발표해 대중의 사랑을 받는 작가가 돼요. 1843년에 발표한 동화집에 실린 「미운 오리 새끼」는 큰 사랑을 받아 작가로서 확실하게 자리를 잡을 수 있었답니다. 안데르센은 곧 왕족과 귀족을 비롯한 상류층 인사들과 교류하는 유명인이 되었어요.

안데르센은 결혼하지 않

꿈과 사랑이 세상을 밝게 비춘단다.

TIP!

고 홀로 살면서 대부분의 시간을 해외 여행을 하며 보냈어요. 1867년에는 고향 오덴세에서 명예시민이 되어 전 국민의 축하를 받았지요. 1870년부터는 건강이 나빠져 여행을 할 수 없게 되었고, 1875년 친구의 별장에서 생을 마감했어요. 그의 장례식은 덴마크 국왕과 왕비가 참석할 만큼 성대하게 치러졌어요.

안데르센의 동화는 교훈적이기보다는 서정적이에요. 따뜻한 휴머니즘을 담은 아름다운 이야기를 그려 내어 전 세계 어린이들에게 상상력과 함께 순수한 꿈을 키워 주고 있어요.

다르다고 차별하면 안 돼요.

내게도 가족이 있었으면…

미운 오리 새끼   성냥팔이 소녀

27 벨기에 브뤼셀
오줌싸개 소년 동상

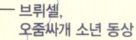
브뤼셀, 오줌싸개 소년 동상

- **수도** : 브뤼셀
- **언어** : 네덜란드어, 프랑스어, 독일어
- **화폐** : 유로(EUR, €)
- **면적** : 305만 3천ha
- **인구** : 1,171만 5,774명(2024년)
- **종교** : 가톨릭, 무교, 이슬람교, 개신교

© Trougnouf, CC BY

EU 본부가 있는 도시

벨기에 브뤼셀

유럽 북서부에 있는 벨기에는 원래 네덜란드의 일부였다가 1830년 혁명을 일으켜 독립을 이루었어요. 네덜란드어와 프랑스어를 사용하며, 국민 대다수가 가톨릭교를 믿고 있어요.

벨기에의 수도 브뤼셀은 조금 특별한 곳이에요. 유럽 연합(EU)의 본부가 이곳에 있기 때문이에요. 벨기에의 수도이면서 유럽 연합의 수도인 것이죠. 브뤼셀은 벨기에의 중앙에 있으며, 정치·경제·문화·교통의 중심지 역할을 하고 있어요.

와플의 도시 체험해 볼까!

브뤼셀의 랜드마크, 오줌싸개 소년 동상

벨기에의 브뤼셀 거리에는 너무나도 유명한 동상이 있어요. 바로 오줌싸개 소년 동상이에요. 겨우 60센티미터 높이의 청동상으로 코펜하겐에 있는 인어 공주 동상보다도 더 작은 크기예요. 하지만 사람들의 눈을 사로잡기에는 충분하답니다. 많은 여행객이 브뤼셀에 와서 너무 작아 실망하기도 하지만 브뤼셀을 대표하는 상징물인 것만은 틀림없어요.

시청사에서 100미터 정도 떨어진 거리에 자리하고 있는 오줌싸개 소년 동상은 여러 차례 도둑맞는 수난을 당했어요. 그래서 지금은 1965년에 만든 복제품을 가져다 놓았어요. 최초에 만들어진 동상은 브뤼셀시 박물관에 보관되어 있고요.

오줌싸개 소년 동상은 1619년 조각가 제롬 듀케누아가 만들었어요. 이 동상이 왜 만들어지게 되었을까요? 여러 이야기가 전해지고 있어요. 그중 가장 믿을 수 있는 이야기는 14세기경 프라방드 제후의 왕자가 오줌을 누어 적군을 모욕한 것에서 비롯되었다고 해요.

여러 나라의 옷을 입은 소년 동상

© GFDL © Superchilum, CC BY-SA © Harald Hoyer, CC BY-SA

벌거벗은 소년 동상은 재미있는 일을 많이 겪어요. 특히 세계 각국에서 보내온 옷을 입는 일상도 그중 하나예요. 다른 옷을 입히는 전통은 프랑스의 루이 15세로부터 시작되었어요. 이 프랑스 왕은 약탈해 갔던 소년 동상을 돌려주면서 프랑스 귀족의 옷을 입혀서 보냈다고 해요.

그 후 각국의 국빈들이 벨기에를 방문할 때면 오줌싸개 소년 동상에 의상을 선물했어요. 벌거벗은 소년이 가지각색의 옷을 입을 수 있게 된 거지요. 그동안 선물 받은 옷만 약 700벌이에요. 우리나라에서도 한복을 선물했다고 해요. 오줌싸개 소년 동상이 선물 받은 옷들은 그랑플라스에 있는 '왕의 집'에 전시되어 있어요.

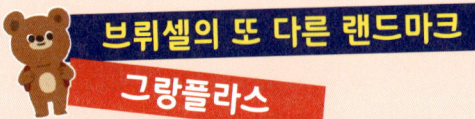

브뤼셀의 또 다른 랜드마크
그랑플라스

그랑플라스는 브뤼셀 도심에 있는 광장이에요. 소설가 빅토르 위고는 이 광장을 보고 '세계에서 가장 아름다운 광장'이라고 극찬했다고 해요.

'큰 광장'이라는 뜻을 갖고는 있지만 그랑플라스 광장은 그리 크지는 않답니다. 크기는 동서로 110미터, 남북으로 70미터 정도예요. 하지만 시청사, 왕의 집, 길드 하우스* 등 화려한 건축물들에 둘러싸여 있어서 볼거리가 많아요. 이 광장은 1998년 유네스코 세계문화유산으로 지정되었어요.

*길드 하우스: 중세 시대에 잡화, 빵, 고기, 맥주 등을 팔았던 상인들이 모여 만든 조합.

왕의 집

TIP!

그랑플라스 광장에는 96미터 높이의 첨탑이 서 있는 시청사가 자리해요. 탑 꼭대기에는 브뤼셀의 수호성인인 미카엘 대천사의 조각상이 있어요. 17세기 말 프랑스가 침공했을 때 유일하게 파괴되지 않은 건물이라고 해요. 15세기에 세워진 '왕의 집'은 원래 브라반트 공작이 업무를 보던 곳인데, 나중에 공작이 스페인 왕이 되자 '왕의 집'으로 부르기 시작했어요. 현재 이곳은 브뤼셀시 박물관으로 사용되고 있고, 오줌싸개 소년 동상의 의상도 이곳에 보관되어 있어요. 또 길드 하우스는 현재 맥주 박물관이나 레스토랑 등으로 바뀌었어요.

세계에서 가장 아름다운 광장, 그랑플라스

옛 길드하우스

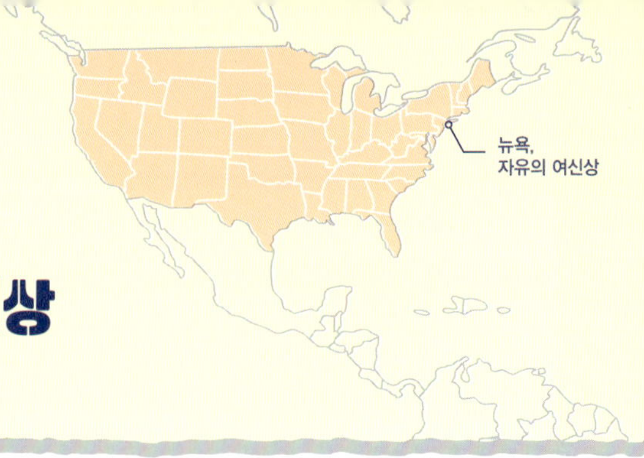

28 미국 뉴욕
자유의 여신상

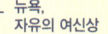
뉴욕, 자유의 여신상

- **수도** : 워싱턴 D.C.
- **언어** : 영어
- **화폐** : 미국 달러(USD, $)
- **면적** : 9억 8,315만 1천ha
- **인구** : 3억 4,181만 4,420명(2024년)
- **종교** : 개신교, 가톨릭, 몰몬교

세계의 수도, 가고 싶은 도시

미국 뉴욕

미국은 캐나다와 함께 북아메리카 대륙의 대부분을 차지하고 있어요. 1776년 영국으로부터 독립한 후 19세기부터 눈부시게 발전했지요. 두 차례의 세계대전을 치르고 세계를 이끄는 강대국이 된 이후 현재까지 세계의 경제와 정치를 이끌고 있는 나라예요.

뉴욕은 어떤 분야에서든 세계 최고라는 수식어가 붙는 도시랍니다. 세계의 수도라는 별칭도 갖고 있어요. 세계 정치의 총본산이라고 할 수 있는 유엔 본부가 뉴욕에 있고, 세계 경제를 움직이는 월스트리트와 뮤지컬 공연의 성지라 불리는 브로드웨이 또한 뉴욕에 있어요. 미국에서 인구 밀도가 가장 높은 도시이며, 가장 많은 이민자들이 모여 사는 도시, 가장 다양한 언어가 공존하는 도시이기도 해요.

뉴욕의 랜드마크, 자유의 여신상

뉴욕은 세계의 수도라는 이름에 걸맞게 볼거리도 아주 풍부해요. 그중에서도 뉴욕 하면 떠오르는 상징물은 단연 자유의 여신상이죠. 자유의 여신상은 미국 독립 선언(1776년 7월 4일) 100주년을 기념하여 프랑스가 선물한 작품이에요. 프랑스는 미국 독립 전쟁이 일어났을 때 미국 편에 서서 영국을 몰아내는 데 큰 도움을 주었어요. 원래는 미국 독립 선언 100주년에 맞춰 1876년 7월 4일에 여신상을 공개할 계획이었는데, 제작이 늦어져서 10년 뒤인 1886년 10월 28일에 성대한 제막식을 열었어요.

자유의 여신상을 만든 사람은 프랑스 조각가 바르톨디예요. 그는 뉴욕에 방문하여 여신상을 어디에 세울지 궁리했어요. 그 자리를 맨해튼 남부 끝자락에 있는 인공 섬 리버티섬으로 결정했지요. 리버티섬은 뉴욕 항구로 들어오는 입구에 있기 때문에 뉴욕을 방문하는 사람들이 제일 먼저 여신상을 볼 수 있어요.

자유의 여신상 전체 무게는 225톤, 높이는 93미터나 돼요. 받침대 높이가 47미터니까 순수하게 동상의 높이는 46미터예요. 받침대는 미국 건축가 리처드 헌트가 나중에 따로 만든 거예요.

자유의 여신상은 7대륙(북아메리카, 남아메리카, 아시아, 아프리카, 유럽, 오세아니아, 남극)을 상징하는 뿔이 달린 왕관을 머리에 쓰고 있어요. 오른손에는 횃불을, 왼손에는 '1776년 7월 4일'이라는 날짜가 새겨진 독립 선언서를 들고 있어요. 왕관 위치에는 뉴욕을 내려다볼 수 있는 전망대가 설치되어 있어요. 그 아래에는 박물관과 선물 가게가 있어요. 전망대에 올라가려면 내부에 있는 나선형 계단이나 엘리베이터를 타야 해요.

뉴욕 리버티섬에 세워진 자유의 여신상　© William Warby, CC BY

파리에서 제작한 이 거대한 동상을 어떻게 뉴욕으로 옮길 수 있었을까요? 바르톨디는 옮기기 쉽도록 조립식으로 제작했어요. 내부 뼈대는 에펠 탑을 설계한 에펠에게 부탁했어요. 여신상은 속이 텅 비어 있었기 때문에 바람에 약한 게 문제였는데, 에펠은 여신상 내부를 철골 구조물로 설계해 튼튼하게 만들었지요.

바르톨디는 1875년에 여신상을 제작하기 시작하여 1884년에 완성했어요. 그러곤 잠시 파리에 세워 두었다가 분해하여 1885년에 배에 싣고 뉴욕으로 옮겼어요. 뉴욕에서 조립을 끝낸 여신상은 1886년 10월 28일에 세워졌어요.

자유의 여신상의 정식 명칭은 'Liberty Enlightening the World', 즉 '세계를 비추는 자유'예요. 자유 민주주의의 염원을 담아 미국의 독립을 기념하고 있는 것이지요. 새로운 꿈을 이루기 위해 미국 땅을 밟는 이민자들이 가장 먼저 보게 되는 자유의 여신상은 삶의 희망을 전하는 상징적인 역할도

왼손에 들고 있는 책은 뭐야?

미국 독립의 날, 1776년 7월 4일을 적은 독립 선언서!

했어요. 1984년에는 유네스코 세계문화유산으로 지정되었어요.

    자유의 여신상은 세월이 흐르면서 낡고 바래어 1983년에 전체를 보수했어요. 횃불 부분은 거의 새로 만들었어요. 새로 고친 여신상은 1986년 7월 4일 새로운 모습을 드러냈지요. 지금도 자유의 여신상은 그 자리를 굳게 지키며 뉴욕을 찾는 사람들에게 자유와 독립의 소중함을 일깨워 주고 있어요.

뉴욕의 또 다른 랜드마크
엠파이어 스테이트 빌딩

© Jiuguang Wang, CC BY-SA

뉴욕은 초고층 건물이 많기로 유명한 곳이에요. 그중에서도 엠파이어 스테이트 빌딩은 뉴욕뿐 아니라 미국에서도 아주 인기 있는 건물이랍니다. 1929년 공사를 시작해 1931년 완공했어요. 비교적 짧은 기간에 102층이라는 높은 건물을 지었는데도 매우 튼튼하게 지어졌어요. 1945년 제2차 세계대전 때 폭격기가 79층을 들이받고 추락했는데, 건물은 아무런 피해를 입지 않았다고 해요.

빌딩 높이는 무려 381미터로 당시에는 이보다 더 높은 빌딩이 없었어요. 1950년대에 세운 67미터 안테나 탑을 포함하면 높이가 448미터나 돼요. 빌딩이 지어질 당시 미국은 대공황으로 경제가 어려워 고층 건물을 지으려는 사람이 없었어요. 이후 1972년 세계무역센터 쌍둥이 빌딩이 탄생하기 전까지 무려 41년간이나 세계에서 제일 높은 건물이라는 명성을 누릴 수 있었어요. 86층과 102층 두 전망대는 아주 멋진 볼거리예요. 86층 전망대는 밖으로 나갈 수 있게 만들어졌고, 102층 전망대는 유리로 막혀 있어요. 대부분의 사람들은 86층 전망대를 이용한다고 해요. 이곳에 서면 뉴욕의 전경을 한눈에 내려다볼 수 있어서 많은 관광객의 눈길을 사로잡아요.

엠파이어 스테이트 빌딩은 해마다 이색적인 경기가 열리는 곳으로도 유명해요. 1978년부터 시작된 '계단 오르기 대회'가 그것이에요. 86층 전망대까지 총 1,576개의 계단을 올라야 하지요. 지금까지 최고 기록은 2003년에 세운 9분 33초이고, 여성 최고 기록은 2006년에 세운 11분 23초예요.

또 수많은 영화의 촬영 장소로도 인기가 높아요. 엠파이어 스테이트 빌딩을 배경으로 지금까지 90여 편의 영화가 만들어졌어요. 이곳이 사람들로 늘 붐비는 이유는 영화 속 주인공이 되고 싶기 때문인지도 모르겠어요.

29 브라질 리우데자네이루 예수상

리우데자네이루, 예수상

- **수도** : 브라질리아
- **언어** : 포르투갈어
- **화폐** : 브라질 헤알(BRL, R$)
- **면적** : 8억 5,157만 7천ha
- **인구** : 2억 1,763만 7,297명(2024년)
- **종교** : 가톨릭, 개신교

ⓒ Mucio Scorzelli, CC BY-SA

사랑과 열정의 도시

브라질 리우데자네이루

브라질은 남아메리카에서 가장 큰 면적을 차지하고 있는 나라예요. 남아메리카에 속한 나라 가운데 유일하게 스페인이 아닌 포르투갈의 식민지였지요. 1822년에 포르투갈로부터 독립했지만 오랫동안 쿠데타와 독재 정치가 이어졌어요.

1985년 군부 정치가 막을 내리면서 정치적으로 안정을 찾았고요.

리우데자네이루는 16세기 중반에 포르투갈인이 처음으로 건설한 도시예요. 포르투갈로부터 독립한 1822년부터 1960년까지 수도였지요. 브라질 남동부 대서양 연안에 자리하여 금광이 발견된 18세기에는 금을 실어 나르는 항구 도시로 발전하기 시작했어요. 시드니, 나폴리와 함께 세계 3대 미항(아름다운 항구)으로 알려져 있어요.

리우데자네이루의 랜드마크, 예수상

리우데자네이루의 랜드마크는 파리의 에펠 탑만큼이나 세계적으로 유명해요. 그것은 '구세주 그리스도상'이라고도 불리는 예수상이지요. 산 정상에서 두 팔을 벌리고 서 있는 거대한 예수상은 성스럽고 경건한 마음이 들게 해요.

© PLBechly, CC BY-SA

산 정상에 조각상을 세우자는 의견을 처음 내놓은 사람은 가톨릭 신부였어요. 당시에는 사람들이 관심을 갖지 않아서 흐지부지되었지요. 그러다 1920년대에 리우데자네이루 대교구에서 랜드마크가 될 수 있는 거대한 조각상을 코르도바산 정상에 세우자는 의견이 다시 나왔어요. 때마침 브라질 독립 100주년이 되는 시기였기에 예수 조각상 건립이 시작될 수 있었어요.

예수상 디자인은 브라질의 공학자 에이토르 다 실바 코스타가 맡았고, 설계는 폴란드계 프랑스 조각가 폴 란도프스키가 맡았어요. 어떤 모습을 한 예수상을 만들지 여러 의견이 나왔어요. 결국에  는 평화를 구하듯 두 팔을 벌리고 있는 모습으로 하기로 했지요. 비용은 가톨릭 신자들이 모금을 하여 충당했어요.

1926년 공사가 시작되어 5년의 공사 끝에 1931년에 완공했어요. 높이는 약 30미터인데, 받침대까지 합하면 전체 높이는 38미터예요. 양팔 사이의 너비는 28미터고요. 예수의 모습을 새긴 조각상으로는 세계에서 가장 크답니다.

예수상이 있는 산 정상에 서면 리우데자네이루 시내가 한눈에 내려다보여요. 예수상 아래 기단 내부에는 150여 명이 들어갈 수 있는 예배당이 있어서 가톨릭 신자들이 세례식을 하거나 결혼식을 올리는 장소로도 이용한답니다.

산꼭대기에 거대한 예수님 동상이 서 있다!

지구촌 최고의 축제
리우 카니발

리우 카니발은 보통 삼바 축제라고 불려요. 세계 3대 축제 중 하나이며, 지구촌에서 열리는 최대의 축제로 이름이 높지요. 해마다 2~3월에 열린답니다. 카니발은 가톨릭교 국가에서 열리는 명절과 같은 축제예요. 육식을 금하는 사순절이 오기 전에 3~8일 동안 술과 고기를 먹으며 즐기는 행사지요.

삼바는 아프리카에서 시작된 춤과 음악이에요. 브라질을 식민지로 삼은 포르투갈은 커피, 사탕수수를 재배하기 위하여 아프리카 흑인들을 강제로 데려와 일을 시켰어요. 흑인 노예들은 온종일 힘든 노동을 하며 고통의 시간을 보내야 했지요. 이런 그들을 치유해 준 것이 바로 고향에서 즐겼던 춤과 노래였고, 그것이 오늘날의 삼바로 발전한 거예요.

© Andre Telles, CC BY-SA

노예 제도가 폐지되었는데도 아프리카 흑인들은 고향을 떠나 리우데자네이루로 몰려들었어요. 대부분은 빈민촌에서 비참한 생활을 했지요. 삼바의 리듬은 이곳에서 많이 만들어졌어요.

© Andre Telles, CC BY-SA

리듬이 도시풍으로 변하자 대중에게 인기를 끌기 시작했어요. 그러자 리우데자네이루시는 곧 삼바 콘서트를 열었어요. 콘서트를 카니발과 연결시키자 세계적인 삼바 축제, 리우 카니발이 탄생하게 되었지요.

리우 카니발에서 최고 볼거리는 삼바 퍼레이드예요. 축제를 위해 설립된 200여 개의 삼바 학교에서 1년간 퍼레이드를 준비해요. 공연 주제를 정하고 그에 맞춰 춤과 음악, 의상도 마련해요. 드디어 축제 기간이 되면 삼바드로모라는 거리에서 다채롭고 화려한 행진이 펼쳐집니다. 해마다 200만 명이 거리로 쏟아져 나온다고 해요. 축제를 보기 위해 전 세계에서 6만 명의 관광객들이 찾아온다고 하니 그 규모가 정말 놀라워요.

6부

세계의 신전, 사원

30 그리스 아테네
파르테논 신전

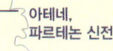
아테네, 파르테논 신전

- **수도** : 아테네
- **언어** : 그리스어
- **화폐** : 유로(EUR, €)
- **면적** : 1,319만 6천ha
- **인구** : 1,030만 2,720명(2024년)
- **종교** : 그리스정교, 이슬람교

© George E. Koronaios, CC BY-SA

> 문명을 낳은 신화의 도시

그리스 아테네

유럽 문화의 발상지인 그리스는 유럽 동남부 발칸반도 남단에 있어요. 그리스 지역에서는 기원전 8~9세기경에 최초의 도시 국가가 건설되었어요. 대표적인 것이 아테네와 스파르타지요. 그리스는 고대부터 중세에 이르기까지 로마 제국과 비잔틴 제국, 오스만 제국의 지배를 받았어요. 1830년에는 독립 왕국을 세웠지만 이후 정치적으로 혼란을 겪다가 1973년 공화국이 되면서 안정을 찾았어요.

아테네는 그리스의 최대 도시이자 수도예요. 정치·경제·금융·문화·산업의 중심지기도 하고요. 신화의 도시, 올림픽의 도시, 세계적인 역사 도시, 유럽 문명과 민주주의의 요람 등 아테네를 꾸미는 말은 너무 많아요. 그만큼 서구 문명에서 중요한 자리를 차지하고 있답니다.

아테네의 랜드마크, 파르테논 신전

파르테논 신전은 아테네의 아크로폴리스 언덕에 웅장한 모습으로 서 있어요. 그리스의 수호신인 아테나 여신을 모시는 신전입니다. 기원전 490년경 마라톤 전투에서 페르시아에 승리한 후 아테나 여신에 감사하기 위해 세웠어요. '파르테논'은 아테나 여신의 무녀들이 살았던 집을 일컫는 이름이었어요.

파르테논 신전은 기원전 447년에 공사를 시작하여 마무리된 것은 기원전 432년이에요. 조각가 페이디아스가 총감독을 맡았고, 그의 지휘 아래 건축가인 익티노스와 칼리크라테스가 공사를 맡았어요.

크기는 가로 30.8미터, 세로 69.5미터, 높이 약 10미터예요. 기단은 3단의 계단 형태로 이루어져 있고, 총 46개의 도리아식 기둥*이 건물을 떠받치고 있어요. 기둥은 정면과 반대 면에 8개씩, 두 측면에 17개씩 있어요.

신전의 기둥과 지붕 사이에 있는 점토판에는 전쟁과 관련된 조각들이 새겨져 있어요. 지금은 파괴되어 없지만 신전 중앙에는 제단이 있었고, 그 위에는 금과 상아로 만든 아테나 여신상이 서 있었다고 해요.

파르테논 신전은 다 지어진 후에 국가의 금고로 사용되었어요. 기원후 6세

*도리아식 기둥: 기둥의 머리 부분을 장식하지 않고 단순하게 만든 고대 그리스 양식.

기경에는 교회로 사용되었는데, 이때까지 신전의 모습이 그대로 유지되었지요. 1458년 오스만 제국이 아테네를 점령하면서 신전은 모스크로 사용되었고, 신전 주위에 첨탑이 세워졌어요.

파르테논 신전이 심하게 훼손된 것은 1687년이에요. 오스만 제국이 파르테논 신전을 화약 창고로 사용했기 때문이에요. 베네치아군의 포격으로 화약 창고가 폭발하면서 크게 허물어지고 말았지요. 파괴된 잔해물은 계속 도둑맞았어요. 1801년 영국 대사 엘긴 백작은 오스만 제국의 허가를 받고 신전의 조각상을 일부 떼어 갔어요. 이때 가져간 조각상들이 대영 박물관에 팔려 지금까지 전시되고 있어요. 일부는 루브르 박물관, 코펜하겐 박물관에도 보관되어 있어요.

현재 그리스 정부는 엘긴 백작이 떼어 간 조각상들을 돌려 달라고 요청하고 있지만 영국 정부는 받아들이지 않고 있어요. 그리스 정부는 1975년부터 파르테논 신전의 보수 공사를 진행하고 있답니다.

유네스코 세계문화유산 제1호는 파르테논 신전일까?

유네스코는 인류의 소중한 유산을 보존하기 위해 노력하는 국제기구예요. 1972년 이집트가 아스완 하이 댐을 건설하면서 고대 누비아 유적이 물에 잠길 위기에 처하자 유네스코는 세계유산을 보호하기 위해 협약 사업을 시작했어요. 이들 사업을 하면서 '유네스코 지정 세계문화유산'이라는 이름이 생겼고, 수많은 인류 문화유산이 보호받고 있지요.

유네스코는 처음에 세계 유산만을 대상으로 했어요. 하지만 지금은 대상을 넓혀서 무형 문화유산과 세계 기록 유산까지 보호 대상으로 삼고 있어요. 세계 유산은 다시 문화유산과 자연 유산, 복합 유산으로 나누어요. 이 중에서 가장 대표적인 것이 문화유산이기 때문에 유네스코 지정 세계문화유산이라는 명칭이 가장 많이 알려져 있어요.

무형 문화유산은 지식, 기술, 예술, 문화 등 눈으로 보이지는 않지만 문화 예술적으로 가치가 높은 유물을 말해요. 뛰어난 재능을 가진 인물이나 그 인물의 솜씨나 기량이 대상이 될 수 있지요. 세계 기록 유산은 기록을 담고 있는 정보나 그 기록을 전하는 매개물을 말해요.

유네스코 지정 세계문화유산 1호가 파르테논 신전이라고 알고 있는 사람이 많지만, 이는 잘못된 정보예요. 아마도 유네스코 로고가 파르테논 신전의 모양과 비슷해서 잘못 알려진 것 같아요. 유네스코가 처음으로 세계 유산을 지정하기 시작한 해는 1978년이에요. 파르테논 신전과 아크로폴리스가 세계문화유산으로 지정된 해는

1987년이고요. 그러니 파르테논 신전이 유네스코 문화유산 1호가 될 수는 없겠죠. 1978년에 지정된 세계문화유산 제1호는 무엇일까요? 사실 첫 해에는 문화유산 8곳, 자연유산 4곳이 지정되었어요. 따라서 제1호는 없는 거지요. 지정된 12곳은 다음과 같아요. 문화유산에는 폴란드의 크라쿠프 역사지구, 에콰도르의 키토, 독일의 아헨 대성당, 폴란드의 비엘리치카와 보흐니아 왕립 소금 광산, 세네갈의 고레섬, 캐나다의 란세 오 메도스 국립 역사지구, 에티오피아의 랄리벨라 암굴 교회군, 미국의 메사 버드 국립공원 등이 있고, 자연유산은 에콰도르의 갈라파고스 제도, 미국의 옐로스톤 국립공원, 캐나다의 나하니 국립공원, 에티오피아의 시미엔 국립공원 등이에요.

© Unesco, CC BY-SA

유네스코 로고

파르테논 신전의 모양

31 사우디아라비아 메카 카바 신전

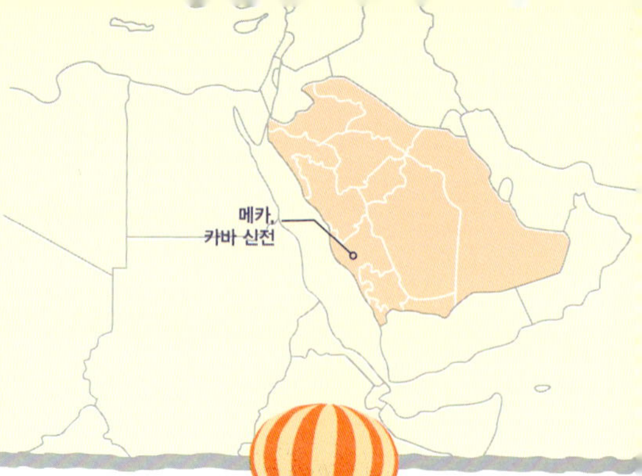

- **수도** : 리야드
- **언어** : 아랍어
- **화폐** : 사우디아라비아 리얄(SR)
- **면적** : 2억 1,496만 9천ha
- **인구** : 3,747만 3,929명(2024년)
- **종교** : 이슬람교(수니파 90%, 시아파 10%)

© Abdullah bin Ramazan, CC BY-SA

성지 순례의 도시

사우디아라비아 메카

아시아 중남부 아라비아반도에 있는 사우디아라비아는 이슬람교가 처음 탄생한 나라예요. 이슬람 율법이 엄격하게 지켜지는 곳이기도 하고요. 모든 주권을 국왕이 쥐고 다스리는 전제 군주 국가입니다.

국토 대부분이 사막이라서 과거에는 유목과 무역으로 살아갔어요. 그러다 1938년부터 석유가 생산되면서 각종 산업이 발달하고 부유한 나라가 되었지요.

메카는 사우디아라비아 서부 홍해 연안에 있는 도시예요. 이슬람교 창시자인 무함마드가 태어난 곳이죠. 이슬람교 제1의 성지로서 해마다 1,500만 명의 순례자들이 찾아온다고 해요.

메카의 랜드마크, 카바 신전

메카가 이슬람교 제1의 성지라면, 카바 신전은 가장 성스러운 장소일 거예요. 무함마드가 처음으로 이슬람교를 선언한 곳이에요. 또한 선지자 아브라함이 아들 이스마엘과 함께 운석 제단을 쌓고 예배를 드렸던 장소이기도 해요.

'카바'는 아랍어로 육면체라는 뜻으로 카바 신전은 가로 10미터, 세로 12미터, 높이 15미터의 직육면체 모양을 하고 있어요. 벽은 검은 천으로 가려져 있고, 신전 안은 텅 비어 있지요.

동쪽 모서리에는 지름이 약 30센티미터인 검은 돌이 박혀 있어요. 이 돌은 천사 가브리엘이 아브라함에게 내려 준 성물로 신성하게 여겨진답니다. 순례자들은 이 돌에 입을 맞추고 카바를 도는 의식을 치러요.

카바 신전은 이슬람교 신자들에게 매우 특별한 의미가 있어요. 신자들은 '이슬람의 다섯 기둥'이라는 의무를 지켜야 해요. 그중 두 가지는 카바 신전과 관련이 있어요. 첫 번째는 하루에 다섯 번씩 정해진 시간에 기도하고, 기도는 카바 신전을 향해서 해야 해요. 두 번째는 일생에 한 번 메카를 순례하고, 반드시 카바 신전을 찾아야 해요.

이슬람 종교에서 카바 신전은 매우 중요한 장소예요.

카바 신전을 돌고 있는 이슬람 순례자들

이슬람 성지 순례
하즈

이슬람교 신자들은 메카 성지 순례를 '하즈'라고 불러요. 하즈 기간은 해마다 날짜가 다르며, 보통 5~6일간 계속돼요. 이슬람 달력이 우리가 사용하는 달력보다 11일이나 적기 때문에 해마다 날짜가 뒤로 밀려요.

어린이들에게 사랑과 평화를...

하즈에는 엄격한 규칙이 있어요. 규칙을 지키지 않으면 하즈는 무효가 돼요. 순례자들은 흰옷을 입고 검은 돌에 입을 맞춘 뒤 카바 신전을 시계 반대 방향으로 총 일곱 번 돌아야 해요. 7이라는 숫자는 이슬람 문화권에서는 '완벽함'이나 '많음'을 의미해요. 일곱 번 중 네 번은 빠르게 돌아야 하고, 세 번은 느리게 돌아야 하는 규칙이 있다고 해요.

하즈를 마친 순례자 중 남성에게는 '하지', 여성에게는 '하자'란 경칭을 이름 앞에 붙이는데, 명함이나 공공 서류에도 표기된답니다.

하즈 기간이 되면 카바 신전은 성지 순례자들로 인산인해를 이룹니다. 사우디아라비아 정부는 하즈 기간에는 사이가 좋지 않은 이라크나 이란 국민에게도 특별히 입국 비자를 발급해요. 단, 원칙이 있어요. 이슬람교를 믿지 않는 사람은 메카에 들어갈 수 없고, 카바 신전에도 들어갈 수가 없다는 것이지요.

32 캄보디아 시엠레아프
앙코르 와트

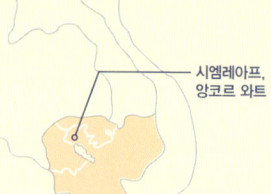
시엠레아프, 앙코르 와트

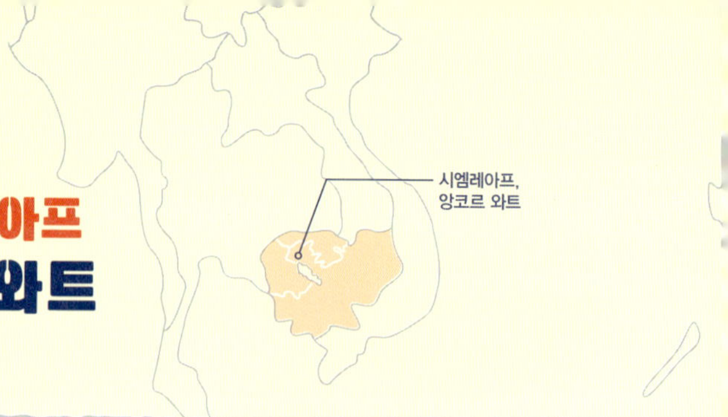

- **수도** : 프놈펜
- **언어** : 크메르어
- **화폐** : 캄보디아 리엘(KHR)
- **면적** : 1,810만 4천ha
- **인구** : 1,712만 1,847명(2024년)
- **종교** : 불교

© Charles J Sharp, CC BY-SA

신비한 고대 문명의 도시

캄보디아 시엠레아프

아시아 동남부 인도차이나반도 남쪽에 있는 캄보디아는 입헌군주제 국가이며 불교 국가예요. 9세기에 세워진 크메르 제국이 15세기까지 인도차이나반도를 지배할 정도로 오랜 전성기를 누렸어요. 19세기에 프랑스의 지배를 받다가 1953년 캄보디아 왕국으로 독립했지요. 1975년 정권을 잡은 폴 포트가 200만 명에 가까운 국민들을 학살한 비극의 역사를 가지고 있어요.

시엠레아프는 캄보디아 시엠레아프주의 주도예요. 원래 작은 촌락에 불과했는데, 앙코르 유적이 발견되면서 세계적인 관광 도시로 발전했어요. 현재 캄보디아에서 가장 빠르게 성장하고 있는 도시예요. 앙코르 와트 유적을 보기 위해 해마다 수많은 관광객들이 몰려들고 있어요.

시엠레아프의 랜드마크, 앙코르 와트

캄보디아에는 오랜 옛날부터 크메르족이 살고 있었어요. 이들은 9~15세기에 크메르 제국을 세워 인도차이나반도에서 세력을 떨쳤어요.

크메르 제국을 건설한 왕은 자야바르만 2세예요. 그는 앙코르를 수도로 정하고 국력을 키웠어요.

13세기 초에는 베트남까지 세력을 넓히며 크게 번성했어요. 하지만 14세기 들어 무능한 왕들이 연달아 대를 이으면서 국력이 약해졌어요.

앙코르는 크메르 왕조가 몰락하자 밀림 속에서 400년 동안이나 잠들어 있었어요. 12세기 초에 세운 앙코르 와트 사원도 아무도 모른 채 버려져 있었고요. 그러다가 19세기에 세상에 알려지면서 빛을 보기 시작했지요. 앙코르 와트는 수리야바르만 2세가 세웠어요. 세운 목적은 힌두교 비슈누 신에게 바치기 위한 것이었지만, 자신의 유해를 사원에 묻어 영원히 비슈누 신이 되고 싶었던 거지요.

앙코르 와트는 '사원의 도시'라는 뜻을 품고 있어요. 처음에 힌두교 사원으로 지어졌지만 나중에 자야바르만 7세가 불교 사원으로 바꾸었어요. 고색창연한 건축물에서부터 불상이나 부조 등 9세기부터 15세기에 이르기까지 동남아시아 지역에 영향을 미쳤던 유적들이 매우 많아요. 그런 까닭에 1992년 유네스코 세계문화유산으로 지정되었답니다.

앙코르 와트는 동서로 1.5킬로미터, 남북으로 1.3킬로미터나 뻗어 있어요. 2만 5천여 명의 인부가 37년 동안 건설했다고 알려져 있어요. 사원 가장자리는 폭 190미터의 거대한 해자*로 둘러싸여 있어요.

앙코르 와트는 전체적으로 세 겹으로 된 회랑과 이 세 겹의 회랑으로 둘러싸인 중앙 사당으로 이루어져 있어요. 세 겹의 회랑은 중앙 사당 쪽으로 들어갈수록 한 단씩 높아져 계단식 피라미드 형태를 이루고 있어요.

수리야바르만 2세는 앙코르 와트를 짓기 시작했지만 자신이 죽을 때까지도 완성하지 못했어요. 하지만 그의 모습은 자신을 비슈누 신으로 묘사한 건물의 부조에 많이 남아 있어요. 벽과 해자로 둘러싸여 있는 사원 건물들에는 수리야바르만 2세가 군대를 사열하는 모습이나 전쟁을 묘사한 장면들도 많아요.

밀림 속에 갇힌 앙코르 와트를 발견한 사람은 프랑스의 박물학자 알베르 앙리 무오예요. 그는 400년 동안 묻혀 있던 거대한 옛 도시에 곧 매료되었어요. 고대 그리스인이나 로마인이 남긴 그 어떤 건축물보다 앙코르 와트가 더 위대하다며 여행기를 써서 세상에 알리기 시작했지요. 그가 세상을 떠난 후 그의 글은 책으로 나와 엄청난 인기를 끌었어요.

*해자 : 성이나 사원 주위를 둘러싸고 있는 못.

시엠레아프의 또 다른 유적
앙코르 톰

앙코르 톰은 크메르 제국의 마지막 수도로 앙코르 와트에서 북쪽으로 1.5킬로미터 떨어져 있어요. 앙코르 톰에는 당시 인구 100만 명 정도가 살았다고 해요. 앙코르는 고대 인도의 산스크리트어로 '도시'라는 뜻이고, 톰은 크메르어로 '크다'라는 뜻으로 '큰 도시'라는 의미죠.

앙코르 톰은 12세기 후반 크메르 제국의 자야바르만 7세가 세운 성곽 도시예요. 큰 도시라는 이름에 걸맞게 도시 둘레가 12킬로미터에 이른다고 해요. 한 가지 더 특별한

TIP!

점은 불교 건축물이라는 거예요. 크메르 제국은 힌두교 국가였기에 앙코르 와트를 비롯하여 많은 건축물이 힌두교와 관련이 있어요. 그런데 앙코르 톰을 지은 자야바르만 7세는 불교 신자였기에 도시 안에 많은 불교 건축물을 남겼어요.

앙코르 톰은 한 변의 길이가 3킬로미터에 이르는 정사각형 모양으로 8미터 높이의 성벽이 있고, 폭 100미터가 넘는 거대한 해자로 둘러싸여 있어요. 동서남북에 네 개의 문이 있고, 바깥 세계와 연결되는 '승리의 문' 등 총 다섯 개의 성문이 있어요. 각 성문은 탑으로 되어 있고, 탑의 동서남북 사방에는 관세음보살이 조각되어 있어요. 관광객들은 주로 남문과 북문을 이용할 수 있는데, 남문을 따라 들어서면 바이욘 사원, 코끼리 테라스 등의 유적을 만날 수 있어요.

앙코르 톰 중앙에 있는 바이욘 사원에는 관세음보살의 얼굴이 새겨진 돌탑이 세워져 있어요. 관세음보살의 얼굴은 돌탑 네 개의 면에 모두 새겨져 있는데, '크메르의 미소'라 불릴 만큼 온화하고 다정한 미소로 사람들을 맞이해요.

© Ekrem Canli, CC BY-SA

7부

세계의 고대 유적

33 요르단
페트라 유적

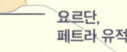
요르단, 페트라 유적

- **수도** : 암만
- **언어** : 아랍어
- **화폐** : 요르단 디나르(JOD)
- **면적** : 893만 1,800ha
- **인구** : 1,138만 4,922명(2024년)
- **종교** : 이슬람교(수니파), 기독교

© jcookfisher, CC BY

고대 문명이 숨 쉬는 곳

요르단

아시아 서남부 아라비아반도 북부에 있는 요르단은 입헌군주제 국가이자 이슬람 국가예요. 1916년부터 영국의 지배를 받다가 1946년에 독립했어요. 독립 이후 이스라엘과 분쟁을 겪으면서 일부 땅을 잃었고, 1994년에 평화 협정을 맺었어요. 요르단은 고대부터 유럽과 중동 지역을 연결하는 다리 역할을 했답니다.

요르단의 랜드마크, 페트라 유적

일반적으로 랜드마크는 그 나라의 수도나 큰 도시에 있는 경우가 많아요. 하지만 요르단의 랜드마크는 대도시인 암만에 없고 페트라에 있답니다. 요르단 서부 사막 위 해발 950미터 바위산에 있지요. 페트라는 암만에서 남쪽으로 190킬로미터 떨어져 있어요.

페트라는 고대 도시예요. 기원전 7세기부터 2세기경까지 시리아와 아라비아반도에 살았던 유목민 나바테아인이 건설한 도시지요. 그들은 사막

© Jean Housen, CC BY-SA

한가운데에 있는 붉은 사암*으로 이루어진 바위산을 깎고 내부를 파서 건물을 지었어요.

페트라는 고대 그리스어로 '바위'라는 뜻이에요. 모세가 이스라엘 백성을 이끌고 이집트를 탈출해 가나안으로 갈 때 물이 나오게 했다는 곳이 바로 페트라예요. 지금도 이곳에는 모세의 샘이 있어서 사람들에게 물을 제공한다고 해요.

페트라는 이집트, 아라비아, 시리아, 페니키아 등지에서 온 상인들이 머무는 교역로였어요. 낙타나 말에 물건을 싣고 와서 교환하는 대상 무역이 활발하게 이루어졌지요. 사막에 상수도 시설을 갖출 만큼 번창한 도시

*사암: 퇴적암의 일종으로 모래알이 뭉쳐 굳어진 암석.

였어요.

　기원전 63년 로마의 폼페이우스 장군이 쳐들어오면서 페트라는 점차 세력이 약해졌어요. 106년 로마 제국 시대에는 로마의 식민 도시가 되었지요. 로마의 지배를 받았지만 무역 활동은 계속 이어 갔어요. 하지만 4세기와 6세기경에 일어난 지진으로 도시가 파괴되어 페트라는 사람들 기억 속에서 사라져요.

　잠자고 있던 페트라가 세상에 알려진 것은 1812년이에요. 스위스 탐험가 요한 루트비히 부르크하르트가 이 진귀한 고대 도시를 찾아낸 거지요. 부르크하르트는 이집트 카이로를 가는 도중에 페트라에 대한 소문을 듣고 찾으러 나섰어요. 그리고 자연 절벽에 세워진 신기한 옛 도시를 발견하고는 페트라의 존재를 세상에 알리죠.

　페트라 유적에서 가장 유명한 건물은 알카즈네 신전이에요. 200미터 높이의 바위산 전체를 깎아 만든 모습이 매우 놀라워요. 분홍빛 건물은 2층으로 여섯 개의 정교한 기둥이 받치고 있어요. 2층에는 창문과 발코니

까지 조각되어 있고요.

　알카즈네 신전은 '파라오의 보물 창고'라고도 불려요. 이 지역 유목민들이 이집트 왕 파라오가 만들었을 거라고 믿으면서 이렇게 부르기 시작했다고 해요. 알카즈네 신전을 누가 만들었는지는 확실하게 밝혀지지 않았어요. 그래서 '파라오의 보물 창고'라는 별칭이 아직도 그대로 사용되고 있지요.

　페트라 유적은 1985년에 유네스코 세계문화유산으로 지정되었고, 2007년에는 세계 7대 불가사의 중 하나로 꼽히기도 했어요.

알고 보면 더 재미있는 이야기
세계 7대 불가사의

세계 7대 불가사의는 세계에서 가장 경이로운 건축물 일곱 가지를 말해요. 영어로는 'Seven Wonders of the World'로 적는답니다. 'wonders'를 번역하면 '불가사의'보다는 '경이로운'이 더 적절할 것 같아요. '불가사의'는 사람의 생각으로는 미루어 알 수 없는 이상하고 야릇한 일을 의미하죠.

세계 7대 불가사의는 지금까지 여러 번 새롭게 바뀌었어요. 가장 최근에 발표한 세계 7대 불가사의는 '뉴 세븐 원더스 재단'이 소개했지요. 뉴 세븐 원더스 재단은 전 세계 네티즌에게 세계 7대 불가사의가 어떤 유적지인가를 묻는 투표를 실시했어요. 1999년부터 2007년까지 접수한 200여 개의 유적지에서 21개 유적지를 가려내고, 21개 유적지를 놓고 투표를 했지요. 그 결과 7개의 유적지가 선정되어 2007년 7월 7일에 발표했어요.

선정된 세계 7대 불가사의는 다음과 같아요.

① 멕시코의 치첸이트사　② 브라질의 예수상
③ 요르단의 페트라 유적　④ 이탈리아의 콜로세움
⑤ 인도의 타지마할　　　⑥ 중국의 만리장성
⑦ 페루의 마추픽추

34 이란
페르세폴리스

이란, 페르세폴리스

- **수도 :** 테헤란
- **언어 :** 페르시아어
- **화폐 :** 이란 리얄(IRR)
- **면적 :** 1억 7,451만 5천ha
- **인구 :** 8,980만 9,781명(2024년)
- **종교 :** 이슬람교 98%(시아파 94%, 수니파 4%)

© Carole Raddato, CC BY-SA

페르시아 문명의 상징

이란

아시아 서쪽 페르시아만 연안에 있는 이란은 국민 대부분이 이슬람교를 믿는 이슬람 국가예요. 이란은 1935년까지 '페르시아'라고 불렸어요. 기원전 6세기에 페르시아 제국을 세워서 아시아와 코카서스 지방에서 세력을 떨쳤어요. 하지만 제1차 세계대전 이후에 영국의 지배를 받게 되었고 1925년에 왕국으로 독립할 수 있었지요. 1935년에는 '아리아인의 나라'라는 뜻을 담은 '이란'으로 나라 이름을 바꾸었어요. 1979년에는 혁명이 일어나 왕정이 무너지고, 종교가이자 정치가인 호메이니가 이란 공화국을 세웠어요. 이란은 대통령 중심제 국가지만 국가 최고 지도자는 이슬람교 성직자가 맡고 있어요.

© Hansueli Krapf, CC BY-SA

이란의 랜드마크, 페르세폴리스

이란의 랜드마크는 페르시아 제국의 수도였던 페르세폴리스예요. 요르단의 페트라와 마찬가지로 고대 도시면서 나라를 대표하는 랜드마크죠.

페르세폴리스는 그리스어로 '페르시아의 도시'라는 의미예요. 이란의 수도인 테헤란에서 남쪽으로 650킬로미터 떨어져 있지요. 과거 페르시아는 서아시아, 중앙아시아 등 넓은 지역을 통치했던 대제국이었어요.

기원전 559년경 키루스 왕은 여러 종족들이 흩어져 살던 페르시아를 통일했어요. 전성기를 이끈 왕은 다리우스 대왕이에요. 다리우스는 기원전 518년 페르세폴리스를 수도로 삼았어요. 페르세폴리스는 곧 세계의 중심 도시가 되었지요. 게다가 무역로의 중심지여서 늘 상인들로 북적였답니다.

하지만 도시의 영광은 허물어졌어요. 기원전 330년 마케도니아의 알렉산드로스 대왕이 페르시아를 침략하여 페르세폴리스는 완전히 파괴되었지요. 현재 페르세폴리스에는 돌기둥과 궁전 터, 성벽과 건물의 잔해만 남았어요. 그 옛날 번성했던 모습을 짐작만 할 수 있을 뿐이에요.

내가
페르시아 왕자와
신라 공주를
결혼시켰다옹!

페르시안 고양이

페르세폴리스에 들어가려면 '만국의 문(228쪽 사진)'을 통과해야 해요. 이 문 입구를 받치고 있는 두 개의 큰 기둥에는 사람 머리를 지닌 날개 달린 거대한 황소가 조각되어 있어요. 그것은 악을 물리치는 수호신 라마수예요

페르세폴리스는 1979년 유네스코 세계문화유산으로 지정되었어요.

이란의 테헤란 서울의 테헤란로

테헤란은 이란의 수도예요. 엘부르즈산맥 남쪽 기슭 해발 1,200미터 지점에 있어요. 13세기 초에 셀주크 제국의 수도인 레이가 몽골군에게 파괴된 후 사람들이 테헤란으로 몰려들면서 도시로 발전했어요. 테헤란은 '산록 지대의 끝'이라는 뜻으로 도시의 위치를 표현한 말이라고 해요. 또 '순수의 도시', '청결한 도시'라는 뜻도 지니고 있어요.

서울의 테헤란로

원래 작은 소비 도시였는데, 시 외곽에 있는 카라지강에 댐이 건설되면서 발전하기 시작했어요. 댐이 생겨 전력이 풍부해지면서 전기, 자동차, 고무 등의 공업이 발달했어요. 소비 도시답게 '바자르'라 불리는 시장을 중심으로 일찍부터 상업도 발달했고요. 또 다른 도시들과 페르시아만 연안을 잇는 철도가 연결되어 있어 교통의 중심지 역할도 하고 있어요.

우리나라 서울 강남에도 '테헤란'이라는 도로가 있지요. 1977년 테헤란 시장이 한국에 왔을 때 지어진 이름이랍니다. 테헤란 시장은 서울 시장을 만나 자매 도시 협약을 맺었어요. 그 기념으로 지명을 서로 바꿔 부르기로 했고요. 그래서 서울의 삼릉로는 테헤란로가 되었고, 테헤란에도 서울로라는 도로가 있어요.

35 페루 쿠스코 마추픽추

- **수도 :** 리마
- **언어 :** 에스파냐어, 케추아어, 아이마라어
- **화폐 :** 페루 누에보 솔(PEN, S/.)
- **면적 :** 1억 2,852만 2천ha
- **인구 :** 3,468만 3,444명(2024년)
- **종교 :** 가톨릭, 개신교

© Pedro Szekely, CC BY-SA

잉카 문명을 꽃피운 공중 도시

페루 쿠스코

남아메리카 대륙 서쪽에 있는 페루는 고대 잉카 제국이 탄생한 곳이에요. 16세기부터 스페인의 지배를 받다가 1824년 독립을 이루었어요. 1879년에는 칠레와 전쟁을 벌여 패하면서 북부 영토를 잃었어요. 이후 쿠데타가 여러 번 일어나 큰 혼란을 겪었어요. 1990년대 이후부터는 정치적인 안정을 찾았어요.

쿠스코는 페루 남동부 쿠스코주에 있는 고산 도시예요. 해발 3,300미터나 되는 높은 곳에 사람들이 산다니, 정말 놀라운 일이죠. 이름은 케추아어로 '중앙', '배꼽'이라는 뜻을 갖고 있어요. 찬란한 문명을 일군 잉카 제국의 수도이자 중심지라는 의미죠. 가까운 곳에는 고대 잉카인들의 삶의 흔적이 남아 있는 마추픽추가 있어요. 해마다 많은 관광객이 신비로운 고대인들의 숨결을 느끼기 위해 쿠스코와 마추픽추를 찾는답니다.

페루의 랜드마크, 마추픽추

마추픽추는 쿠스코와 함께 페루를 대표하는 랜드마크랍니다. 고대 잉카 문명을 상징하는 이곳은 무려 해발 2,430미터 높이의 산 정상에 있어요. 15세기경 남아메리카 지역을 지배한 잉카 제국이 만든 도시예요. 쿠스코에서 북서쪽으로 80킬로미터 떨어져 있어요.

마추픽추는 잉카 제국이 멸망한 후 스페인 군대에 쫓긴 잉카인들이 산 속으로 숨어들어 와 만든 비밀 도시로 알려져 있지요. 따라서 마추픽추는 15세기에 건설된 것으로 추정돼요. 하지만 일부 학자들은 마추픽추 전체가 그 시기에 세워진 것이 아니라, 그 이전에 이미 만들어진 도시 위에 새로운 도시를 건설한 거라고 주장해요.

마추픽추는 케추아어로 '나이 든 봉우리'라는 뜻이에요. 전체 면적은 5제곱킬로미터나 되고, 둘레에는 견고한 성벽이 쳐져 있는데, 높이는 5미터, 너비는 1.8미터예요. 무엇보다 놀라운 점은 산 위의 기울어진 땅에 도시가 만들어졌다는 것이에요.

나는 잉카인, 태양의 아들

마추픽추는 산 정상에 감춰져 있어서 오랫동안 세상에 드러나지 않았어요. 원주민들은 이곳의 존재를 알고 있었을지도 모르지만, 처음 발견하여 세상에 알린 사람은 예일 대학교 역사학자인 하이럼 빙엄이에요. 빙엄은 베일에 싸인 잉카 제국의 수도를 찾으러 모험을 떠났다가 원주민들의 도움을 받아 마추픽추를 발견했어요.

　마추픽추는 크게 도시 지역과 농경 지역으로 나뉘어요. 또 도시 지역은 위쪽 구역과 아래쪽 구역으로 나뉘고요. 위쪽 구역에는 주로 궁전과 신들을 모시는 신전과 사원이 있고, 아래쪽 구역에는 학교, 공장, 묘지, 주민들의 거주 시설이 있어요. 농경 지역은 계단식 밭으로 이루어져 있어요. 주로 옥수수를 재배한 것으로 보이는데, 1만 명 이상의 주민들이 충분히 먹고 살 수 있을 만큼 수확했다고 해요.

　놀라운 것은 과학적으로 설계된 수로와 양수장이 있다는 사실이에요. 마추픽추는 고산 지대라서 물이 귀할 수밖에 없어요. 따라서 물을 낭비하지 않기 위해 식수와 농사짓는 데 필요한 물을 나누고 재사용할 수 있도록 수리 시설을 만들었어요.

© pululante, CC BY

많은 사람은 마추픽추가 불가사의 한 도시라고 이야기해요. 당시 잉카 제국은 문자도 없었고, 철이나 화약, 바퀴 같은 문명의 도구도 없었어요. 그런데도 어떻게 이토록 엄청난 크기의 돌을 산꼭대기까지 옮길 수 있었을까요? 더욱 놀라운 것은 모든 건물이 종이 한 장도 들어가지 않을 정도로 정교하게 쌓아 올려졌다는 사실이에요.

마추픽추는 1983년 유네스코 세계문화유산으로 지정되었어요.

TIP!

남아메리카를 지배한 정복자
잉카 제국

잉카인은 15, 16세기 남아메리카 지역에서 거대한 제국을 건설했어요. 그들은 자신들의 언어인 케추아어로 자기 나라를 '타완틴수유'라고 불렀어요. 당시 군주는 '사파 잉카'라고 불렸는데, 잉카라는 말은 여기서 나온 것이랍니다.

잉카 왕조는 12세기경에 망코 카팍이 처음 세웠어요. 이때부터 쿠스코는 잉카 제국의 정치·행정·군사의 중심지였지요. 하지만 잉카의 역사를 놓고 보면 잉카 제국은 1438년에 본격적으로 시작되었다고 볼 수 있어요. 파차쿠티 잉카가 왕위에 오른 시기죠. 파차쿠티를 시작으로 투팍, 카팍 등의 역대 왕들은 남아프리카 정복 사업을 펼쳤어요. 페루, 콜롬비아, 에콰도르, 볼리비아, 아르헨티나, 칠레 지역을 점령하며 번성해 나갔어요. 하지만 1533년 스페인의 무자비한 정복자 피사로가 쳐들어와 멸망하고 말아요.

잉카 제국은 문자나 철, 수레 등은 없었지만, 석조 건축 기술이나 도로, 운하 등의 건설 기술은 매우 뛰어나 수준 높은 문명을 건설할 수 있었어요. 잉카인들은 정복한 땅에 뛰어난 도로를 건설했어요. 잘 갖춰진 도로망 덕분에 스페인 군대는 잉카 제국을 쉽게 정복할 수 있었다고 해요.

잉카 복장을 한 페루인

8부

세계의 무덤

36 인도 아그라 타지마할

아그라, 타지마할

- **수도** : 뉴델리
- **언어** : 힌디어 외 14개 공용어, 영어
- **화폐** : 인도 루피(INR, Rs)
- **면적** : 3억 2,872만 6천ha
- **인구** : 14억 4,171만 9,852명(2024년)
- **종교** : 힌두교, 이슬람교, 기독교, 시크교, 불교, 자이나교

© M M, CC BY-SA

깨달음을 주는 신들의 도시

인도 아그라

인도는 아시아 남부 히말라야산맥 남쪽에 자리하고 있어요. 고대 인더스 문명의 발상지인 동시에 불교의 발상지기도 하죠. 하지만 현재 인도 국민들은 대부분 힌두교를 믿고 있어요. 인도는 민족과 언어, 종교가 매우 다양하고, 불평등한 신분 제도가 있어서 많은 갈등을 품고 있어요.

아그라는 인도 북부 우타르프라데시주 서부에 있는 도시예요. 타지마할이 있는 도시로 유명하지요. 16세기경 무굴 제국 시대에는 100년 가까이 수도 역할을 했어요. 아그라 시내와 근교에는 무굴 제국 시대의 건축물과 유적들이 많이 남아 있어요.

아그라의 랜드마크, 타지마할

타지마할은 인도의 대표적인 랜드마크예요. 세상에서 가장 아름다운 건축물, 인간이 만든 최고의 걸작품이라는 찬사를 들어요.

무굴 제국의 제5대 황제인 샤 자한이 왕비 뭄타즈 마할을 위해 만든 무덤이에요. 타지마할은 '마할의 왕관'이라는 뜻이지요.

　어느 날 샤 자한은 시장에서 장신구를 팔고 있는 아름다운 아가씨를 보고 첫눈에 반했어요. 그 아가씨는 열아홉 살 처녀 바누 베감이었어요. 샤 자한은 그녀를 곧 왕비로 맞아들여 '궁전의 꽃'이라는 뜻의 뭄타즈 마할이라고 이름을 지어 주었어요.

　샤 자한은 마할 왕비를 너무 사랑한 나머지 항상 같이 다녔어요. 심지어 전쟁터에도 데리고 다닐 정도였어요. 안타깝게도 그들의 사랑은 그리 오래가지 못했어요. 뭄타즈 마할이 아기를 낳다가 서른아홉 살의 나이로 세상을 떠나고 말았기 때문이에요. 샤 자한의 슬픔은 말할 수 없을 정도로 컸어요.

　샤 자한은 사후 세계에서 다시 만날 것을 바라면서 왕비를 위한 무덤

© Buiobuione, CC BY-SA

을 짓기로 결심해요. 그렇게 해서 탄생한 건축물이 바로 타지마할이에요.

타지마할은 황제의 지휘 아래 국가적인 공사로 진행되었어요. 세계 각지에서 기술자들을 데려왔는데, 2만여 명의 건축가와 인부들이 공사에 참여했다고 해요. 무덤은 금과 보석으로 꾸며져 완성하는 데 어마어마한 돈이 들어갔어요.

1632년에 공사를 시작하여 1643년경에 무덤이 완공되었어요. 다른 건물들은 1649년경에 완성되었고요. 타지마할 전체가 완공된 것은 1653년이에요. 많은 인부들의 피와 땀, 막대한 공사비와 오랜 시간을 들인 끝에 지상 최대의 걸작품이 탄생한 것이지요. 타지마할은 가로 580미터, 세로 350미터의 직사각형 구조예요. 중앙에는 한 변이 305미터인 정사각형 구조의 정원이 있어요. 이

마할 왕비의 무덤

거대한 정원은 수로와 길을 따라 네 구역으로 나누어지고, 각 공간들은 다시 네 개로 나누어져요. 특히 좌우 대칭을 이루고 있는 뛰어난 건물 구

조가 눈에 띄어요. 수로 끝에 있는 무덤은 중앙 돔을 중심으로 완벽한 좌우 대칭을 이루고 있고, 동서남북 네 방향에 서 있는 첨탑도 어느 방향에서 보든 완벽한 대칭을 이루고 있지요.

첨탑은 바깥쪽으로 약간 기울어지게 세웠어요. 첨탑을 직선으로 보이도록 하는 동시에 지진으로 첨탑이 무너져도 안쪽의 무덤을 파괴하지 않도록 하기 위해서라고 해요.

타지마할이 완공될 당시에는 뭄타즈 마할의 묘만 있었어요. 지금은 샤 자한의 묘도 함께 안치되어 있어요. 건물 1층에는 대리석으로 만든 관이 있는데, 이 관은 상징적인 모형이고, 유골은 지하의 같은 위치에 안장되어 있다고 해요.

타지마할은 1983년 유네스코 세계문화유산으로 지정되었어요.

빛을 밝히는 디왈리 축제에 인도 어린이들은 소원을 빌어. "어린이들을 행복하게 해 주세요."

샤 자한 황제의 마지막 8년

말에 탄 샤 자한

샤 자한은 타지마할 공사 비용을 온전히 개인 돈으로 충당했어요. 국민들에게는 세금을 걷거나 올리지 않았고, 단지 자신의 권력으로 수많은 노동자들을 공사에 동원했지요. 하지만 그의 아들 아우랑제브는 아버지가 타지마할을 짓는 데 너무 많은 재산을 낭비하고, 나라를 위험에 빠뜨렸다는 이유로 쿠데타를 일으켰어요. 샤 자한은 황제의 자리에서 물러나 생애 마지막 8년을 아그라성에서 보내야 했지요.

아그라성은 무굴 제국 제3대 황제인 악바르가 지은 요새예요. 샤 자한은 아그라성을 궁전으로 바꾸어 생활했어요. 아그라성은 타지마할과 강을 사이에 두고 마주보고 있었기에 샤 자한은 자신이 그토록 사랑했던 왕비의 무덤을 바라보며 남은 생을 보냈어요. 1666년 그는 죽은 후에 비로소 사랑했던 왕비 곁에 묻힐 수 있었어요.

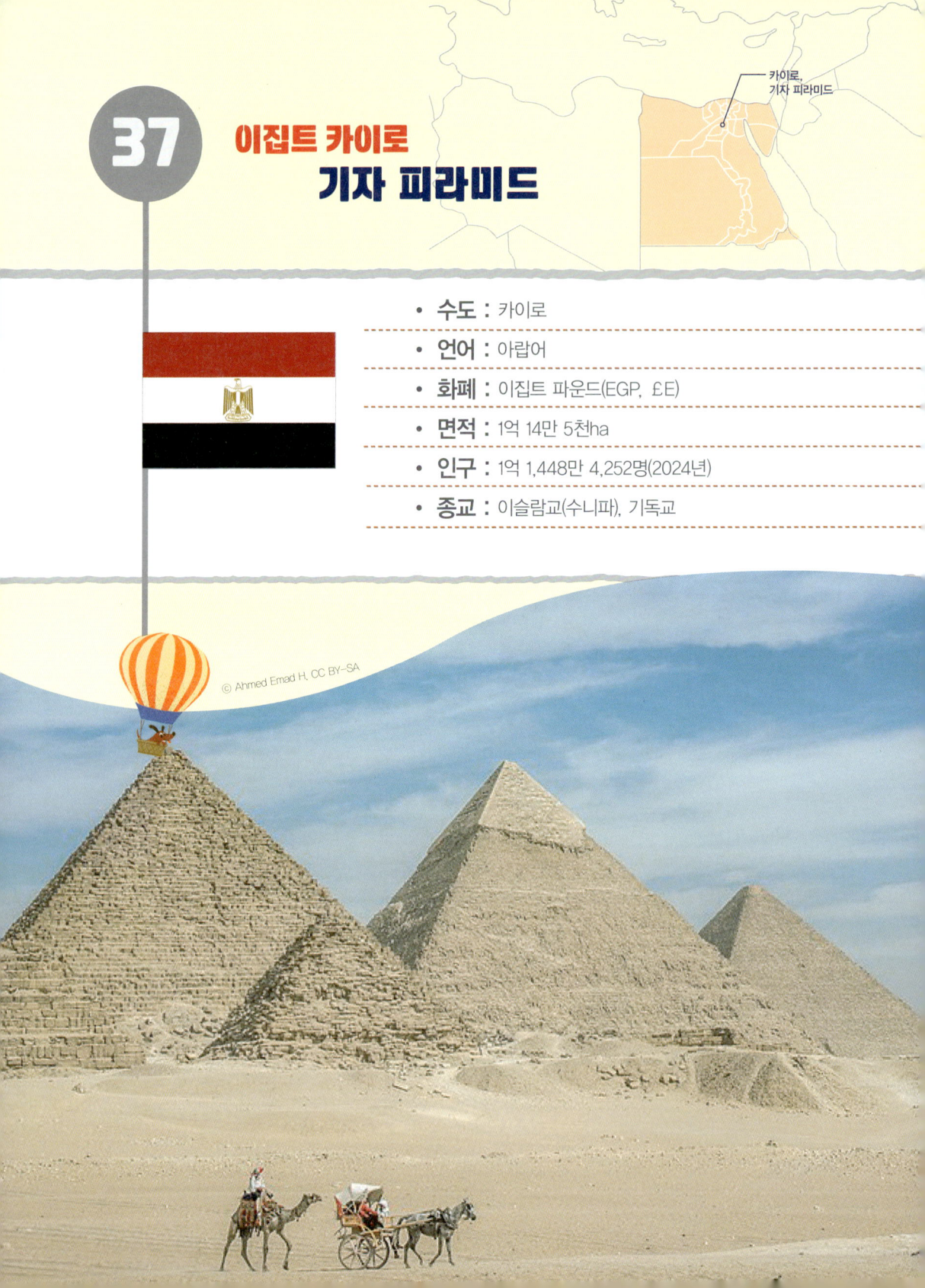

37 이집트 카이로
기자 피라미드

- **수도** : 카이로
- **언어** : 아랍어
- **화폐** : 이집트 파운드(EGP, £E)
- **면적** : 1억 14만 5천ha
- **인구** : 1억 1,448만 4,252명(2024년)
- **종교** : 이슬람교(수니파), 기독교

피라미드의 비밀을 품은 땅

이집트 카이로

이집트는 아프리카 북동쪽에 있지만 중동 지역과도 접한 나라예요. 피라미드와 스핑크스를 만들어 낸 고대 이집트 문명의 발상지지요. 1922년 영국으로부터 독립하여 왕정 국가가 되었지만 1952년 쿠데타가 일어나 공화국으로 바뀌었어요. 이스라엘과는 여러 차례 전쟁을 치르고 평화 협정을 맺었어요.

카이로는 이집트의 수도이자 아프리카 최대의 도시예요. 고대 로마 제국 시대에 카이로는 낙후된 지역이었어요. 10세기경 파티마 왕조의 칼리파* 무이즈가 이집트를 정복하고 카이로 지역에 신도시 '알카히라'를 건설하면서 발전하기 시작했어요. 카이로라는 말도 알카히라에서 나왔어요. 알카히라는 아랍어로 '승리'를 뜻해요.

*칼리파: 정치와 종교 권력을 가진 이슬람의 지배자.

카이로의 랜드마크, 기자 피라미드

　피라미드는 고대 이집트 왕들의 무덤이에요. 무덤 속에는 시신으로 만든 미라가 묻혀 있어요. 이집트인들은 미라를 만들면 영혼이 다시 찾아와 되살아난다고 믿었지요. 이렇듯 이집트인들의 내세관을 나타내는 건축물이 피라미드예요.

　피라미드에는 한 가지 중요한 의미가 더 숨어 있어요. 이집트 왕 파라오의 절대 권력을 상징한다는 거지요. 권력이 막강한 왕일수록 더 크고 웅장한 피라미드를 만들었어요. 무덤 속에는 미라와 값비싼 보물도 함께 묻었고요.

　나일강 주변에는 지금도 80여 개의 피라미드가 남아 있는데, 처음 만들어진 시기는 약 4, 5천 년 전으로 알려져 있어요.

　피라미드는 위로 올라갈수록 좁아지는 모양으로 많은 돌들을 쌓아 올렸어요. 맨 위는 뾰족하고, 맨 아래는 정사각형 모양이지요. 가장 크고 웅장한 것은 기자 지역에 있는 쿠푸, 카프레, 멘쿠레 왕의 피라미드예요.

기자는 카이로에서 남서쪽으로 13 킬로미터 떨어져 있어요. 세 개의 피라미드 중에는 쿠푸 왕의 피라미드가 가장 큰 규모예요. 바닥 한 변의 길이가 227미터이고, 높이는 146미터나 되고요. 무게가 2.5톤이나 나가는 돌을 230만 개 쌓아 올렸다고 해요. 돌들은 몇 센티미터의 오차도 없이 정교하게 올라갔어요. 당시 이집트의 건축 기술이 얼마나 대단했는지 알 수

기자 피라미드를 건설한 쿠푸 왕 조각상

피라미드는 수많은 돌을 쌓아 올린 돌무덤이다.

있지요. 이런 규모로 미루어 보건대, 20만 명 이상의 사람들이 20년 이상 만들었을 것으로 추정하고 있어요.

    피라미드를 만드는 전통은 꽤 오랫동안 계속되었지만 파라오의 권력과 국력이 점차 약해지면서 규모도 작아졌어요. 건축 재료도 돌에서 벽돌로 바뀌면서 쉽게 허물어졌고, 그래서 원형을 찾아보기 어려운 것이 많다고 해요.

피라미드의 수호신 스핑크스

스핑크스는 사자의 몸에 사람의 머리가 달린 상상 속 동물이에요. 그리스, 이집트, 아시아 지역의 설화에 많이 등장하지요. 지역마다 스핑크스의 모습은 조금씩 달라요. 그리스의 스핑크스는 상반신은 여자이고, 하반신은 독수리의 날개가 있는 사자의 모습이에요. 아시아의 스핑크스는 사자의 몸에 날개가 달린 모습이에요.

가장 크고 유명한 스핑크스는 이집트 기자 지역 카프레 왕의 피라미드 옆에 있어요. 피라미드를 지키는 수호신이라고 알려져 있지요. 이 스핑크스는 거대한 석회암 바위를 깎아 만들었어요. 전체 길이는 약 70미터, 높이는 20미터, 얼굴 너비는 4미터나 되고요. 현재 얼굴 부분이 많이 훼손되었어요. 스핑크스 역시 피라미드와 마찬가지로 왕의 권력을 상징해요. 얼굴은 카프레 왕의 초상이라고 하는데, 당시 스핑크스는 왕의 얼굴을 본떠 만들었어요.

9부

세계의 특별한 랜드마크

38 이탈리아 로마
콜로세움

로마,
콜로세움

- **수도** : 로마
- **언어** : 이탈리아어
- **화폐** : 유로(EUR, €)
- **면적** : 3,020만 6,800ha
- **인구** : 5,869만 7,744명(2024년)
- **종교** : 가톨릭, 정교회, 이슬람교

© Urse Ovidiu, CC BY

찬란한 역사와 문화 예술의 도시

이탈리아 로마

유럽 남부 이탈리아반도에 자리 잡은 이탈리아. 기원전 27년 로마 제국을 건설해 세계를 호령했지요. 476년 로마 제국이 멸망한 후에는 오랫동안 혼란한 시기를 보냈지만 14세기부터 찬란한 르네상스 문화를 꽃피웠어요. 1929년 독재자 무솔리니가 정권을 잡고 독일 편에서 제2차 세계대전을 일으켰지만 패했어요. 1948년에는 이탈리아 공화국을 세워 지금까지 이어 오고 있어요.

이탈리아 주현절에는 노파가 날아와 아이들에게 선물을 나눠 준다.

이탈리아의 수도 로마는 대제국의 이름이었어요. 고대 로마 시대부터 엄청난 번영을 누렸지요. 거대한 제국의 도시답게 많은 유적과 유물이 남아 있어 유럽을 대표하는 관광지로 사랑받고 있어요. 전 세계 가톨릭교의 지도자인 교황이 머물고 있어서 종교적으로도 매우 중요한 도시랍니다.

로마의 랜드마크, 콜로세움

　로마의 랜드마크를 꼽으라면 누구나 콜로세움을 떠올릴 거예요. 물론 가톨릭교를 믿는 사람은 콜로세움보다 성 베드로 대성당을 먼저 떠올릴 수도 있지요.

　로마에서 가장 큰 경기장이었던 콜로세움의 원래 이름은 '플라비우스 원형 경기장'이었어요. 로마 제국 시대 플라비우스 왕조가 지었기 때문에 붙여진 이름이죠. 콜로세움으로 불리게 된 데에는 두 가지 유래가 있다고 전해져요.

　하나는 '거대하다'라는 뜻을 가진 라틴어 '콜로살레'에서 유래했다는 이야기예요. 다른 하나는 로마 제국의 네로 황제가 세운 동상 '콜로소'에서 유래했다는 이야기죠.

　콜로세움은 플라비우스 베스파시아누스 황제가 72년에 공사를 시작하여 8년 후인 80년에 완성한 어마어마한 규모의 경기장이에요. 건물 둘레가 527미터, 길이 188미터, 너비 156미터, 높이 48미터로 5만 명이 넘는 사람들이 들어갈 수 있었다고 해요.

ⓒ Paul VanDerWerf, CC BY

규모뿐만 아니라 예술적, 기술적으로도 최고의 건축물이라는 평가를 받고 있어요. 지금은 많이 훼손되어서 과거의 모습을 정확하게 알 수 없지만, 4층으로 이루어진 경기장은 각 층마다 양식을 달리한 뛰어난 건축물이에요. 로마의 많은 건축물이 지진으로 무너져 내렸지만 콜로세움은 지진에도 견딜 수 있게 설계되어 오늘날까지 남을 수 있었어요.

　콜로세움은 검투사들이 결투를 벌이는 장소였어요. 사자, 호랑이 같은 동물들과 검투사가 힘을 겨루었어요. 많은 검투사가 죽어 나갔지요. 기독교를 박해할 때에는 신자들을 학살하는 장소로도 사용되었어요. 특별한 날에는 경기장에 물을 채우고 배를 띄워 실제 바다에서 전투를 하는 모습을 선보였다고 해요.

　콜로세움의 웅장한 아름다움 뒤에는 수많은 동물과 검투사, 그리고 기독교 신자들이 맞이한 죽음의 그림자가 드리워져 있어요.

로마의 또 다른 랜드마크
트레비 분수

ⓒ Vyacheslav Argenberg, CC BY

포세이돈 조각상이 있는 트레비 분수

로마는 오랜 역사를 자랑하는 도시답게 랜드마크로 꼽힐 만한 건축물들이 많이 있어요. 그중에서 현재 가장 인기 있는 건축물은 트레비 분수예요. 로마에서 사람들이 가장 많이 북적이는 명소이기도 해요.

트레비라는 말은 '삼거리'라는 뜻이에요. 분수 앞 광장이 세 갈래 길로 갈라졌기에 붙여진 이름이지요.

로마는 일찍이 수도 시설을 잘 갖춘 도시였기 때문에 크고 작은 분수들이 많답니다. 그중 단연 최고는 트레비 분수로 로마 초대 황제인 아우구스투스 시절에 지어졌어요. 전쟁에서 돌아와 물을 찾던 병사들이 쓰러지자 아그리파 장군이 샘을 찾았어요. 이때 한 처녀가 샘이 솟는 곳을 알려 주었고, 이곳이 처녀 샘이라고 불리다가 분수로 만들어진 거지요.

당시에는 평범했던 분수였는데, 1732년 교황 클레멘스 12세가 건축가 니콜라 살비에게 명하여 1762년 예술 작품과 같은 분수를 완성했어요. 트레비 분수는 바로크 양식의 마지막 최고 걸작품이라는 찬사를 듣고 있지요.

분수 중앙에는 바다의 신 포세이돈상이 조각되어 있고, 양쪽에는 포세이돈의 아들

TIP!

인 트리톤이 말을 잡고 있고 있는 모습이 있어요. 분수 왼쪽에 트리톤이 잡고 있는 날뛰는 말은 풍랑 치는 성난 바다를 상징하고, 오른쪽 말은 조용한 바다를 상징한다고 해요.

트레비 분수에는 재미있는 이야기가 많답니다. 그래서 분수 안에 엄청난 양의 동전이 쌓이고 있어요. 분수를 뒤로 한 채 오른손에 동전을 들고 왼쪽 어깨 너머로 동전을 한 번 던지면 로마를 다시 찾고, 두 번 던지면 연인과의 소원이 이루어지고, 세 번 던지면 어려운 소원이 이루어진다고 해요. 이렇게 소원을 비는 사람들로 트레비 분수는 항상 사람들로 북새통을 이루고 있어요.

© Patrick Landy, CC BY

39 오스트레일리아 시드니
시드니 오페라 하우스

- **수도** : 캔버라
- **언어** : 영어
- **화폐** : 오스트레일리아 달러(AUD)
- **면적** : 7억 7,412만 2천ha
- **인구** : 2,669만 9,482명(2024년)
- **종교** : 기독교, 무교

© David Stanley, CC BY

대자연이 일군 낙원

오스트레일리아 시드니

오세아니아 대륙에 있는 오스트레일리아는 본래 애버리지니 원주민들의 삶의 터전이었어요. 1770년 영국의 제임스 쿡이 오스트레일리아 땅을 발견한 이후 유럽인들이 몰려들었고 곧 영국의 식민지가 되었지요. 1901년에는 영국 연방에 속하게 되었고, 1942년에서야 영국으로부터 독립을 이루었어요. 목축업이 발달한 오스트레일리아는 세계 제1의 양모 생산국으로 유명해요.

시드니는 18세기에 영국 죄수들이 귀양 오는 도시였어요. 19세기 초부터는 은행, 시장, 도로망 등을 갖추며 발전하기 시작했고, 죄수들의 숫자가 줄어들면서 유럽에서 많은 이민자가 몰려왔어요. 그래서 멜버른과 함께 빠르게 발전하여 최대 도시가 되었답니다. 또한 최대의 상업 도시이며, 교육과

문화의 중심지예요. 시드니 항구는 매우 아름다워서 이탈리아의 나폴리, 브라질의 리우데자네이루와 함께 세계 3대 미항으로 꼽혀요.

시드니의 랜드마크, 시드니 오페라 하우스

시드니 오페라 하우스는 파리의 에펠 탑과 함께 세계에서 가장 유명한 랜드마크 중 하나예요. 조개껍데기 모양의 지붕이 매우 독특한 아름다움을 자아내지요. 항구에 머물고 있는 요트의 돛 모양이 떠오르기도 하고요. 세상에 등장하자마자 시드니를 상징하는 건축물로 전 세계에서 가장 유명한 공연장이 되었답니다.

시드니 오페라 하우스는 국제 공모전을 통해 당선된 작품이에요. 전 세계 32개국에서 232점이 응모했고, 1957년에 최종 당선작으로 덴마크의

시드니 오페라 하우스 공연장

건축가 외른 오베르그 우드손의 작품이 결정되었어요. 우드손은 오렌지 껍질을 벗기던 중에 오페라 하우스의 모습을 떠올렸다고 해요. 우드손의 설계로 1959년에 공사가 시작되어 14년의 공사 끝에 1973년 완공되었어요. 1,547석의 오페라 극장과 2,679석의 음악당, 여러 개의 극장, 전시관, 도서관 등을 갖춘 공연장이에요.

매우 독특한 건물 모양 때문에 공사도 무척 어려웠다고 해요. 공사 기간도 원래 계획은 2년이었지만 14년으로 길어졌고, 공사비도 15배 이상 늘어났어요. 오스트레일리아 정부는 불어난 공사비를 기부금과 복권을 발행하여 충당했어요. 많은 어려움을 거쳐 오페라 하우스가 완공되고, 개관식에는 영국 여왕 엘리자베스 2세가 참석했어요.

시드니 오페라 하우스는 오스트레일리아에서 첫 번째로 손꼽히는 문화 공간이에요. 중요한 국가 행사가 이곳에서 열려요. 그리고 세계에서 가장 많은 공연이 열리는 예술의 전당으로 자리 잡았지요.

© Jason7825, CC BY-SA

시드니의 또 다른 랜드마크
하버 브리지

하버 브리지는 시드니 오페라 하우스와 함께 시드니를 대표하는 랜드마크이자 상징물이에요. 시드니의 중심 상업 지구와 북쪽 해변 사이의 시드니항을 가로지르는 다리죠. 철제로 만들어진 아치교는 모양이 옷걸이 같아서 '옷걸이(The Coat Hanger)'라고 불리기도 해요.

하버 브리지는 1923년 공사를 시작해서 1932년 3월에 개통했어요. 전체 길이는 1,149미터이고, 아치의 길이는 503미터, 높이는 134미터, 폭은 59미터예요. 처음 개통될 때는 두 개의 인도와 네 개의 철도, 중간 차도로 이루어졌는데, 동쪽의 철도는 1958년에 고속도로로 바뀌었어요. 현재는 8차선 차도와 두 개의 철도, 한 개의

© Greg O'Beirne, CC BY-SA

TIP!

인도, 한 개의 자전거 전용 도로를 갖추고 있어요.
다리 건설에는 엄청난 비용이 들어갔다고 해요. 건설 비용 대부분을 영국에서 빌렸고, 이 돈을 갚기 위해 통행료를 징수했어요. 현재는 건설 비용을 모두 갚고 다리의 유지 보수를 위해 통행료를 징수하고 있지요.
하버 브리지를 받치고 있는 양쪽 기둥에는 박물관과 전망대가 있어요. 전망대는 200개 계단을 올라가야 닿을 수 있어요. 이곳 전망대에서 바라보는 시드니의 시내 전경은 정말 환상적이랍니다.

40 독일 베를린
브란덴부르크 문

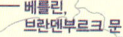
베를린, 브란덴부르크 문

- **수도** : 베를린
- **언어** : 독일어
- **화폐** : 유로(EUR, €)
- **면적** : 3,575만 9천ha
- **인구** : 8,325만 2,474명(2024년)
- **종교** : 개신교, 가톨릭, 이슬람교

© Pierre Selim Huard, CC BY

문화와 예술이 흐르는 도시

독일 베를린

독일은 유럽의 중앙을 차지하고 있는 경제 대국이에요. 9세기에는 프랑크 왕국, 10세기에는 신성 로마 제국을 세운 나라지요. 1871년에는 프로이센 왕국이 독일 제국을 통일했고요. 통일된 독일은 제1, 2차 세계대전을 일으켰어요. 하지만 전쟁에서 완전히 패하면서 1949년에 동독과 서독으로 분단되었어요. 1989년에는 동독이 무너지면서 1990년에 또다시 통일을 이루었지요.

베를린은 독일의 수도예요. 베를린이라는 이름은 '아기 곰'이라는 뜻을 지니고 있는 '베를라인'에서 나왔어요. 베를린을 상징하는 동물도 곰이에요.

베를린의 랜드마크, 브란덴부르크 문

브란덴부르크 문은 독일 통일을 이룬 역사적인 상징물이에요. 독일이 분단되었을 때는 동독과 서독의 경계선이 되었고, 통일된 뒤에는 독일의 랜드마크가 되었지요. 베를린의 중심가 파리저 광장에 당당하게 서 있답니다.

　이 문은 프로이센의 황제였던 프리드리히 빌헬름 2세가 만들었어요. 독일의 힘을 과시하기 위해 베를린의 관문이 될 개선문을 세운 거예요. 건축가 칼 고트하르트 랑한스의 설계로 1788년에 공사를 시작하여 1791년에 완공했어요. 랑한스는 그리스 아테네의 아크로폴리스로 들어가는 문 프로필라에를 참고하여 설계했다고 해요.

　문의 높이는 26미터이고, 가로 길이는 65.5미터예요. 문을 받치고 있는 여섯 개의 원형 기둥 사이로 다섯 개의 출입구가 있어요. 가장 넓은 중앙 출입구는 왕과 왕의 손님들만 오갈 수 있었어요. 일반 시민들은 양쪽 끝에 있는 두 개의 출입구로 드나들 수 있었고요.

　문 맨 위에 있는 청동상은 요한 고트프리트 샤도가 조각한 '전차에 탄 승리의 여신상'이에요. 이 조각상은 1806년 프로이센을 함락한 나폴레옹에게 빼앗겼다가 1814년에 다시 찾아왔어요.

　브란덴부르크 문은 제2차 세계대전 때 폭격을 맞아 손상되었으나 전체가 파괴되지는 않았어요. 맨 위에 있는 말 조각상은 네 개 중에서 세 개의 말 머리가 날아가는 피해를 입었는

전차를 모는 승리의 여신상
© Dario Crespi, CC BY-SA

데, 떨어져 나간 말 머리는 지금 박물관에 보관되어 있고 새로 만들어 복원했어요.

　제2차 세계대전이 끝난 후 동독과 서독은 브란덴부르크 문을 함께 복구했어요. 독일 국민들은 이 문을 통해 동·서 베를린을 자유롭게 왕래했어요. 그런데 1961년 베를린 장벽이 세워진 후에는 허가받은 사람만 오갈 수 있게 되었어요. 이 출입 제한 조치는 1989년 베를린 장벽이 무너질 때까지 계속되었어요.

　베를린 장벽이 허물어지자 브란덴부르크 문은 자유와 평화를 상징하는 문이 되었어요. 누구나 드나들 수 있도록 완전히 개방되었지요. 1990년 독일 정부는 브란덴부르크 문을 새롭게 고쳐 선보였고, 2002년에도 새롭게 단장했어요.

　현재 브란덴부르크 문은 베를린을 찾는 관광객들이 반드시 찾아야 할 최고의 명소로 꼽혀요. 베를린에서 열리는 중요한 행사도 이곳에서 많이 치러진답니다.

피리 부는 사나이

분단의 상징 베를린 장벽

제2차 세계대전이 끝난 후 동독과 서독이 분단되자 베를린도 동베를린과 서베를린으로 나누어졌어요. 베를린은 연합군의 폭격으로 시가지 대부분이 파괴되었지요.

분단 이후 많은 동독 국민들이 서독으로 탈출했어요. 그러자 동독 경제가 심한 타격을 입게 되었어요. 동독 정부는 탈출을 막기 위해 서베를린으로 통하는 모든 곳에 긴 장벽을 세웠어요. 이것이 베를린 장벽이에요. 국가를 나누고 민족을 가르는 벽이었지요.

처음에 장벽은 철조망과 시멘트 블록으로 만들어졌어요. 그러다가 나중에는 쉽게 넘어가지 못하도록 5미터 높이로 콘크리트 장벽을 쳤어요. 장벽 주변에 지뢰까지

독일 민족을 갈라놓았던 베를린 장벽

놓았고, 고압선을 설치했어요. 서베를린 주위를 둘러싼 경계선에 120킬로미터에 달하는 긴 장벽이 설치되었어요.

장벽을 친다 해도 동독 국민들의 탈출은 막지 못했어요. 탈출에 성공한 사람도 많았지만 장벽을 넘다가 체포된 사람도 많았고, 죽임을 당하는 사람도 있었어요. 장벽을 설치한 후에는 허가받은 사람만이 브란덴부르크 문을 통하여 오고 갈 수 있게 했지요.

1989년 11월 9일 베를린 장벽이 허물어지는 순간

남한과 북한을 가르는 38선처럼 베를린 장벽도 민족 분단을 상징하는 비극적인 유물이에요. 하지만 독일은 통일이 되어 국경선이 허물어지면서 더 이상 민족끼리 상처받는 일은 없어요. 독일 정부는 분단의 아픔을 오래도록 기억하기 위해 베를린 장벽의 일부를 기념물로 남겨 놓았다고 해요.

41 남아프리카공화국 케이프타운
테이블 마운틴

케이프타운, 테이블 마운틴

- **수도** : 프리토리아, 케이프타운, 블룸폰테인
- **언어** : 영어, 아프리칸스어, 줄루어
- **화폐** : 남아프리카공화국 랜드(ZAR, R)
- **면적** : 1억 2,190만 9천ha
- **인구** : 6,102만 221명(2024년)
- **종교** : 기독교, 무교

© SkyPixels, CC BY-SA

관용의 지도자, 만델라의 도시

남아프리카공화국 케이프타운

아프리카 대륙 맨 아래에 있는 남아프리카공화국은 세계에서 가장 풍부한 광물 자원을 갖고 있는 나라예요. 1961년 영국 연방에서 탈퇴하여 공화국이 되었어요. 하지만 정부에서 인종 차별 정책을 강하게 밀고 나가면서 전 세계로부터 많은 비난을 받았어요. 결국 1989년에 흑백 분리법이 폐지되면서 민주화가 시작되었고, 1994년 총선거에서 흑인 대통령 넬슨 만델라가 당선되어 민주화가 이루어졌어요.

케이프타운은 남아프리카공화국의 입법 수도예요. 남아프리카공화국은 수도가 세 곳이에요. 행정 수도는 프리토리아이고, 사

ⓒ Discott, CC BY-SA
케이프타운 시청사

법 수도는 블룸폰테인이에요. 케이프타운은 아름다운 천혜의 항구 도시지요. 1869년 수에즈 운하가 개통되기 전에는 유럽에서 아시아로 가는 항로의 중심지였고, 요하네스버그와 더반이 발전하기 전까지는 남아프리카 공화국의 최대 도시였어요.

케이프타운의 랜드마크, 테이블 마운틴

테이블 마운틴은 케이프타운 남쪽 해발 1,086미터에 자리 잡은 산이에요. '테이블 마운틴'이라는 이름은 산 정상 부분이 마치 칼로 자른 것처럼 편평하다고 해서 붙여졌어요. 서쪽으로는 대서양에 면해 있어서 아프리카 남쪽 바다를 항해하는 선원들에게 길잡이 역할을 했다고 해요.

테이블 마운틴은 4, 5억 년 전에 얕은 바다에 있던 거대한 사암 덩어리가 지각 변동으로 솟아올라 형성되었어요. 희망봉을 발견한 포르투갈의 항해가 바르톨로뮤 디아스가 1488년에 처음 발견했어요. 중앙에 좌우 길이 약 3킬로미터나 되는 편평한 고원이 있고, 고원 양쪽으로는 깎아지른 듯한 절벽이 펼쳐져요. 동쪽에는 해발 1,001미터의 '악마의 봉우리'가 있

테이블 마운틴에서 바라본 케이프타운

고, 서쪽에는 해발 669미터의 '사자 머리' 산이 있어요. 야생 식물 1,500여 종이 자라고, 멸종 위기에 처한 희귀 동물들도 서식하고 있다고 해요.

테이블 마운틴 정상에 가려면 해발 300미터 지점에서 케이블카를 타야 해요. 50명이 탈 수 있는데, 360도로 회전하면서 운행한다고 해요. 전면 통유리로 되어 있어서 산 전체를 감상할 수 있어요. 테이블 마운틴 정상에서 바라보는 풍경은 천상에 온 기분이 들 정도로 너무너무 멋지답니다.

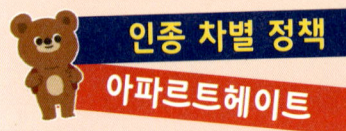

인종 차별 정책 아파르트헤이트

아파르트헤이트는 남아프리카공화국의 공용어인 아프리칸스어로 '분리', '격리'를 뜻해요. 다시 말해 인종 차별 정책을 의미하는 용어죠. 1948년 정부가 아파르트헤이트를 공식적으로 인정하면서 사회는 분열되고 혼란이 커졌어요. 1994년에 만델라 대통령이 당선되면서 비로소 폐지되었지요.

아파르트헤이트는 백인들을 우대하고, 흑인과 혼혈 인종은 차별하는 정책이에요. 백인들은 아파르트헤이트가 차별이 아니라 분리를 통해 발전을 이루는 방법이라며 선전했어요. 그러곤 흑인들을 가혹하게 차별했어요. 전체 인구 중 백인은 16퍼센트

우리는 인종 차별에 반대해요!

BOYCOTT APARTHEID

TIP!

밖에 되지 않았지만 이들이 나머지 84퍼센트의 흑인들과 혼혈 인종을 멸시했어요.

흑인들은 직업도 마음대로 가질 수 없었고, 토지도 소유할 수 없었으며, 백인과의 결혼도 금지되었어요. 또한 백인들이 타는 버스에도 탈 수 없었고, 공공시설도 마음대로 이용하지 못했고, 노동조합도 결성할 수 없었어요. 당연히 선거에서도 차별을 받았어요.

유엔과 전 세계는 아파르트헤이트를 폐지하라고 촉구했지만 남아프리카공화국 정부는 말을 듣지 않았어요. 그러자 전 세계가 비난하며 경제적으로 압박하고 여러 활동을 거부하기도 했어요. 남아프리카공화국의 백인 정권은 아파르트헤이트를 지속시킬 수가 없었어요. 1990년부터는 인종 차별과 관련된 법률들을 폐지하기 시작했고, 1994년 만델라가 대통령에 당선되면서 아파르트헤이트는 공식적으로 폐지되었어요.

© safaritravelplus.com, CC BY-SA

남아프리카공화국 최초의 흑인 대통령이자 인권 운동가, 넬슨 만델라의 동상

초판 1쇄 펴낸 날 2024년 4월 27일
초판 2쇄 펴낸 날 2024년 8월 23일

지은이 박동석
그린이 박진주

펴낸이 권인수 | 펴낸곳 도서출판 책숲 | 출판 등록 2011년 5월 30일(제2023-000111호)
주소 (우)03940 서울시 마포구 모래내로7길 38 2층 202-5호(성산동, 137-3)
전화 070-8879-5026 | 팩스 02-337-5026 | 이메일 booknforest@naver.com
블로그 https://blog.naver.com/dotoribook | 인스타그램 @acorn_forest_book
스마트스토어 https://smartstore.naver.com/acornforestbook

기획편집 권병재 | 책임편집 심순영 | 디자인 권경은

공급처 도토리숲(전화 070-8879-5026)

글 ⓒ 박동석, 2024. 그림 ⓒ 박진주, 2024

ISBN 979-11-86342-68-8 73900

* 책숲은 도토리숲의 브랜드입니다.
* 이 책의 저작권은 저자와 직접 계약한 도토리숲(브랜드 책숲)에 있습니다. 저작권법에 따라 보호를 받는 저작물이므로, 무단 전재와 무단 복제를 금하며, 이 책에 실린 내용을 이용하시려면 반드시 저작권자와 도토리숲(브랜드 책숲)의 동의를 받아야 합니다.
* 책값은 뒤표지에 있습니다.

어린이 제품 안전특별법에 의한 표시 사항
제조자명 도토리숲 | 제조국 대한민국 | 사용 연령 10세 이상

글 박동석

책을 사랑하고, 책 읽기와 여행을 좋아합니다.
늘 책과 함께하고 싶어서 오랫동안 책과 독서 교재 만드는 일을 직업으로 삼아 생활했습니다. 어느 날 문득, 자신의 책을 만들고 싶은 생각에 글 쓰는 일을 시작했습니다. 글을 쓰면서 세계 여러 나라의 도시를 돌아다녔고, 세계의 역사와 문화에 관심을 갖게 되었습니다.
어린이를 위한 교양, 학습 도서를 여러 권 썼고, 어린이들이 더 넓은 세상을 경험할 수 있도록 세계의 역사와 문화에 관한 글을 쓰고 있습니다.
쓴 책으로는《책, 즐겁게 읽는 법》,《세계를 움직이는 국제기구》,《복작복작 세상을 바꾸는 법칙》,《구석구석 세계의 에티켓 여행》,《세계의 기념일》,《지구 여행자의 도시 탐험》,《105개의 수도로 만나는 세계》,《세상을 바꾼 재판 이야기》,《세상을 뒤흔든 혁명이 궁금해!》,《세계를 움직이는 약속 국제조약》,《어린이를 위한 세상의 모든 지식》등이 있습니다.

그림 박진주

홍익대학교에서 시각디자인을 공부하고, 그래픽 디자이너로 일했습니다.
현재는 프리랜서 일러스트레이터로 어린이책에 그림을 그리며, 캘리그래피 작가로도 활동하고 있습니다.
그린 책으로《짝 바꾸는 날》,《뻥튀기 학교》,《수다로 푸는 유쾌한 사회》,《어쩌지? 플라스틱은 돌고 돌아서 돌아온대!》,《자연을 담은 색, 색이 만든 세상》등이 있습니다.

참고문헌

- 국토연구원, 《세계의 도시》, 한울, 2002.
- 조용준, 《역사 도시의 매력 읽기》, 미세움, 2013.
- 이노우에 토시히코. 스다 아키히사, 《세계의 환경 도시를 가다》, 사계절, 2013.
- 이희수, 《시간이 머무는 도시 그 깊은 이야기(역사 도시)》, 바다출판사, 2011.
- 이희수, 《마음이 머무는 도시 그 매혹의 이야기(문화 도시)》, 바다출판사, 2009.
- 이영석 외, 《도시는 역사다》, 서해문집, 2011.
- 김현. 조동현, 《세계 도시 기행》, 바움, 2007.
- 장치난, 《도시를 읽다》, 안그라픽스, 2012.
- 백승종, 《도시로 보는 유럽사》, 사우, 2020.
- 조 지무쇼, 《30개 도시로 읽는 세계사》, 다산초당, 2020.
- 최경철, 《유럽의 시간을 걷다》, 웨일북, 2016.
- 박동석, 《지구 여행자의 도시 탐험》, 책숲, 2019.
- 박동석, 《105개의 수도로 만나는 세계》, 책숲, 2020.

사진 출처

- 이 책의 사진은 크리에이티브 커먼즈(Creative Commons, CC)와 언스플래시(Unsplash)에서 제공받았습니다.

세계의 랜드마크와 도시 부록

책에 수록한 41개 랜드마크를 대륙별로 국기, 나라, 도시, 랜드마크 이름으로 나눈 부록입니다.

아시아 지역 랜드마크와 도시

타이완 타이베이
타이베이 101 빌딩

대한민국 서울
경복궁

일본 도쿄
도쿄 타워

싱가포르
마리나 베이 샌즈 호텔

캄보디아 시엠레아프
앙코르 와트

말레이시아 쿠알라룸푸르
페트로나스 트윈 타워

중국 베이징
자금성

벨기에 브뤼셀
오줌싸개 소년 동상

이탈리아 로마
콜로세움

튀르키예 이스탄불
성 소피아 성당

그리스 아테네
파르테논 신전

포르투갈 리스본
벨렘 탑

남아프리카공화국 케이프타운
테이블 마운틴

독일 베를린
브란덴부르크 문

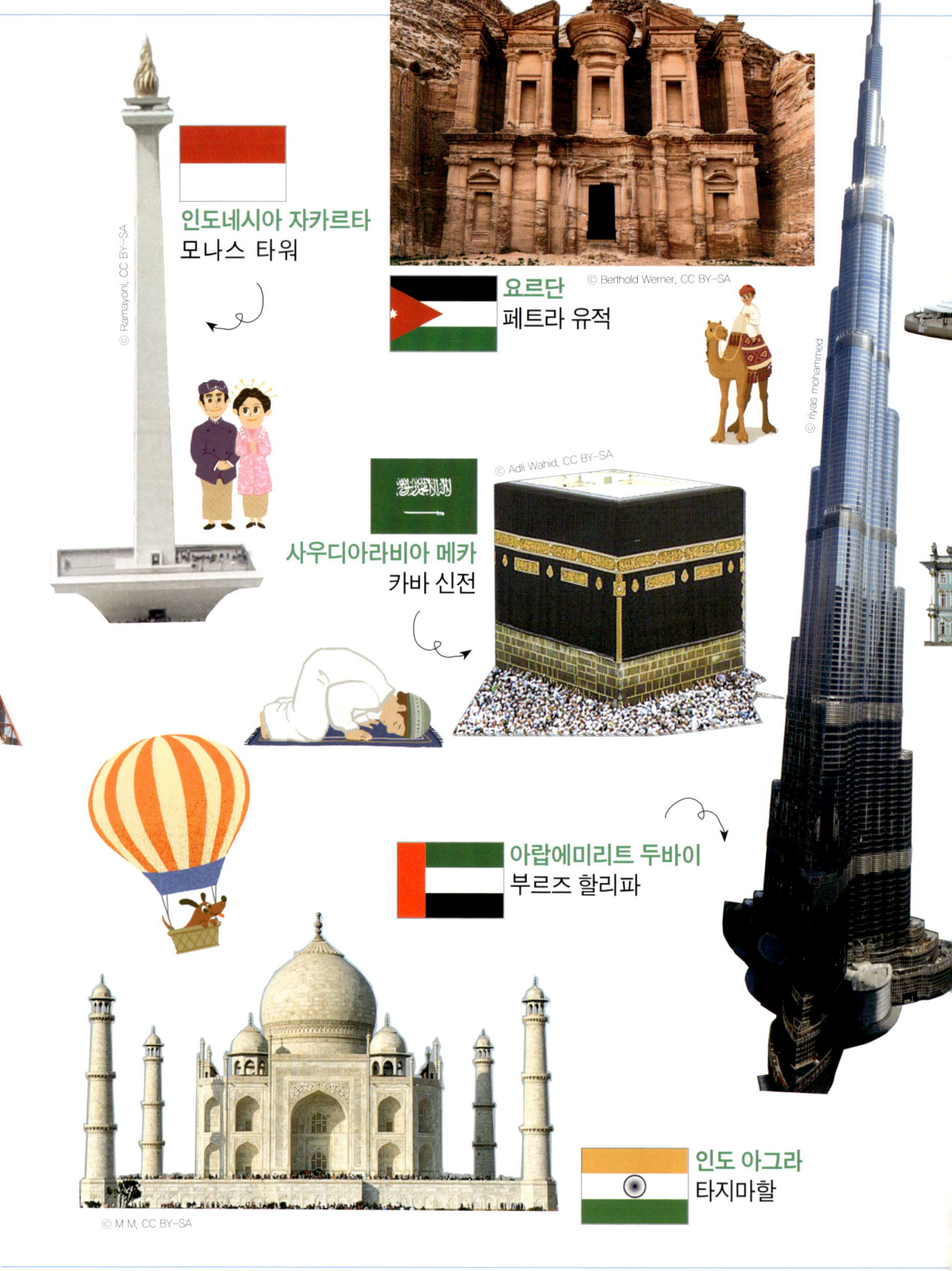